国当代经典散文文库

绍兴背影：

品读

周作人

王 川 著

新疆生产建设兵团出版社

图书在版编目(CIP)数据

绍兴背影:品读周作人 / 王川著. -- 五家渠:新
疆生产建设兵团出版社,2012.5
ISBN 978-7-80756-438-6

Ⅰ.①绍… Ⅱ.①王… Ⅲ.①周作人(1885~1967)
－人物研究 Ⅳ.①K825.6

中国版本图书馆 CIP 数据核字(2012)第 069280 号

绍兴背影:品读周作人

出版发行		新疆生产建设兵团出版社
地	址	新疆五家渠市迎宾路 619 号 邮编:831300
电	话	0994-5677178 5677187
电	邮	xjbtcbs@163.com
网	址	http://www.btcbs.com
传	真	0994-5677519
印	刷	北京兴湘印务有限公司
开	本	710×960mm 1/16
印	张	14.5
字	数	168 千字
版	次	2012 年 5 月第 1 版
印	次	2012 年 5 月第 1 次印刷
书	号	ISBN 978-7-80756-438-6
定	价	27.50 元

新疆生产建设兵团出版社市场部总经销
联系人:闫斌 电话:0991-8817879 13609994516

苦雨淋湿的文字

——读周作人

序

    大约上个世纪八九十年代,我才偶尔读到了周作人的几篇文章。那个时候,周作人作为现代文学史上的著名作家,已拨开历史厚重的尘埃,渐渐露出真实的面目。但对他的研究似乎并没有呈现出较大规模的热闹景象,人们也没有像重新"发现"张爱玲、徐訏、无名氏、沈从文等那般兴奋,在"重写文学史"的呼声中给予周作人更多的关注。这其中的原因恐怕是他那段附逆叛国的不光彩的历史。然而,作为文学研究者,周作人的创作成绩不可能回避,也根本绕不过去。周作人是一个极其复杂的存在,对二十世纪中国的文化、艺术、思想、文学的发展做出过巨大贡献,但如何研究、解读周作人,却面临着研究思路、方法等诸多问题,这些问题纠结在一起,不可能从单纯的一个角度切入,便往往造成了对周作人进行言说的顾忌。温儒敏先生曾经指出:"周作人的'附逆'是大节不保,其历史罪责不容推卸,这是讨论的'底线',但对周作人这样一个在文学史和思想史上有过重大影响的人物,研究又必须

超越道德层面的谴责,真正从思想、文化意义的角度做出客观公正的学术评价。"(哈迎飞《半是儒家半释家——周作人思想研究·序二》)舒芜先生也曾指出:"他(周作人)的各方面的历史功绩,正因为都具有文化思想上的意义,才高出于当时一般的水平,也才能够成为我们不该拒绝的遗产。"(舒芜《周作人的是非功过》)

好在我不是一个研究者,并不关心对周的个人历史之外的思想评价是否已盖棺论定。我只是读他的文章,试图从中揣摩他的学识、情感、人生经历和隐秘的精神世界。我不主张将人与文分开,也不完全认可"文如其人"的说法,我觉得,一个人的文章必是他"当下"性格和精神的"共振"的结果,其中的学识、见解、情趣等等,未必与日后的人生选择与路向有那么深刻的、必然的关系。想到这一层,我觉得抛开一些政治的因素,只从文艺的角度看待周的文字,也许对于欣赏文学和文化之美并陶冶自己的性情亦颇为有利。比如,周作人曾记录过幼年时代所见过的许多悲剧人物,很能让我们看到中国人的"生命之重";他一生所作的美文,依然还在教给我们什么是"美化的生活"、"生活之艺术"……所以,这本书便不再是周作人的传记或研究之类,我有意绕开了他作为启蒙思想家和自由知识分子在中国现代文化史上的思想建树这一巨大而沉重命题,而只是从他的文字本身出发的,经过反复品味和揣摩,以致能大致窥见和了解他的生平、经历、情感和内心世界。我们将渐渐地穿越他文字的丛林,一路欣赏变换不同的景致,阅读一个作家的人生画卷和他眼中的世界,旨在得到快意,得到知识,得到精神的享受,甚或审美境界的提升。

1933年至34年间,《京报》记者傅芸子在采访周作人后写了《知堂先生》一文,记录了对周作人"苦雨斋"的印象:"没有丝毫朱门大宅的气息,颇富野趣,特别是夏天,地处偏僻,远离市区,庭院寂静,高树蝉鸣,天气虽热,感觉清爽。进入室内,知堂总是递一纸扇,乃日本式的竹丝编排,糊以绵纸,轻而实用,再递一苦茶,消暑解渴,却是隐士清谈之所,绝非庸俗扰攘之地。"这样清幽淡雅的所在,娓娓叙谈的必定是不急不迫、从容淡然的话题,永远也是文人雅士神往的所在。

不过,世事如烟,风流云散,一切都成了过往。周作人曾经居住了近四十八年的北京西城新街口八道湾11号的小院里,半积着雨水的"苦雨斋"已经失落了旧时的模样,旧式砖墙间的朱漆大门上,桐油石灰早已剥落……

院内那棵高大的白杨树哗哗作响的声音(被形象地称为"鬼拍手")还在调剂着古城的寂寞吗?

那丛郁郁葱葱的丁香花在春天还会散发充满回忆气息的醉人馨香吗?

庞大的柚木书桌上,那只有着藤子编制的提梁小茶壶里,绿茶轻盈的淡香还在屋子里若有若无地久久缭绕吗?

书橱上半截挂着的镜框里,那幅多少年前从阿桂(阿Q的原型)手里买来的"永和砖"的拓片还能让人回忆起绍兴街巷那斑驳的泥墙和湿滑黑亮的石板路吗?

当我阖上知堂的书,分明感到时空中的宁静发出了恒久且幽微的声响。我希望那屋檐下的木格窗在一场秋日连绵的苦雨过后,能再次透进冬日的阳光,照亮墙壁上那幅已经发黄的沈尹默题字"苦雨斋"。

2008年12月11日星期四记于泉城历下。时已隆冬,有灿烂阳光透窗斜洒在身上。

目 录

mulu

遥远的百草园

一

　　那一切已经过去。历史翻过了岂止一页。对于早已故去的人,时间并不一定就能够盖棺论定。很长时间,周作人陷入到对往事的回忆里。夕阳在风雨之后露出血红的余晖,院外的树木静静地伫立着,浓密的树冠枝叶婆娑,微风拂动下,发出瑟瑟声响,好像有人在喃喃低语,讲述很久之前的故事。

　　回忆时断时续。经历过太多太多的事,历史的沧桑和个人的恩怨已渐渐淡去。然而,更早的回忆却如春天的荒草萌发出新绿,向遥远的地平线蔓延,终于连成一片如茵的生机,在枯涩的眼中荡漾。它吸引着

一棵沉重滞缓的心再一次急切地跳动起来。周作人努力克制着自己的激动,多少年来,他都是在这样的时刻忽然恢复了清醒,积习令他不再相信情感的真实,他只愿在彻底的冷静中读书、写作,与浩如烟海的古代笔记、资料进行执拗的较量,整理记录下一点感想,从中体会一点活着的乐趣。这是学问吗?他怀疑。这是创作吗?他并不自信。因为在他眼里,无论中国的外国的,古代的今天的,留下的文字并没有多少新意。他在从不间断的阅读中,灵魂渐渐变得冰冷了,岁月的流转似乎早已了无生趣。他的眼睛已找不到缓解一生疲劳的东西,哪怕一艘绍兴的乌篷船,在灰蒙蒙的天底下缓缓地驶入梦乡,他也会感到些许安慰,脸上露出久违的笑意。然而,乌篷船早已经摇远了,留下的只是晃动着夕阳的波光,空荡荡地连接着天际。当年在北平,在东京,在很多异地,他曾经宣布自己是有过许多故乡的,绍兴只是他生活了十五年的故土而已。那时候青春勃发,豪情四溢,以为天下无处不可以居,人间无处不可以留。但为什么步入花甲之后,少年甚至童年的记忆越来越清晰了呢?怎么时常会有些莫名其妙的激动涌上心头?还有那些平日很少想过的人与事,也接二连三地在漫漶的时光里浮现,多次惊扰了睡眠,让人顺着刚刚淡去的梦痕再仔细地追寻下去?有些事情依然那样神奇,就像昨天刚刚发生过的一样,百草园、三味书屋、橘子屋的读书时光,庆叔、四七伯、老寿先生、贺家武秀才、阿长、阿有与阿桂、单妈妈、咸亨酒店、泰山堂、长庆寺,还有四季的绍兴风俗,那些匆匆而过的风景与人物,有时忽地涌现出来,应接不暇;有时却淡漠地一现,便阒无踪迹了……

故乡啊,也许永远都只能有一个。不然,为什么绍兴的水变作了挥之不去的灵感之光?

扰人的记忆。晚境的孤独。其实也不算什么，老年，总是一个掇拾趣味和回忆的年代，若能够做到平易、朴实、随意，便可以透出一份宁静明朗的心境。周作人所要努力做的就是这些了。窗外的"沙沙"声是下雨了么？他疑心仍是东边那棵白杨树叶被秋风吹动的声音，西边的柏树是不会发出这种声音的。不去管它吧。不管是雨还是风，在这样的夜里总会唤起很多回忆。那些人都消失在风雨之中了，消失在黑夜里了，消失在他再也看不到的地方了。周作人眯起浮肿的眼睛，仔细盯视那些飘忽的影像，慢慢走到书桌前，拿起笔，陷入到对往事的追忆和识辨之中。他心中始终有解不开的结，对自己的兄长鲁迅，对中年之后的北平，那些，他不愿意回忆。他心中的伤疤还没有痊愈，他知道不可能痊愈了，他要带着它们进入坟墓——在意识深处，有一种力量左右着他，永远不去动那些伤疤，让它们只在黑暗中沉沉睡去，成为永远的谜吧。人死之后，定然会有无数的猜测，那不是自己的事了。"死后原知万事空"，如果还能有余力写点什么，就记录下平日里的怀念。那一定都是"早年的事情"——他对自己规定了记录的范围。少不更事的孩子是纯洁的，没有什么恩恩怨怨可说。那是魂牵梦绕的怀念吗？他说不清楚。但梦却很真实，很清晰，关键是，他相信自己在笔下还原它们的能力。那依然无比美丽的、动人的往昔，当然，也是充满无奈和哀伤的往昔。但他会冷静地处理，客观地描摹，只勾勒一些画面，一些人物的素描。他要把想象的空间留得很大，让有机缘看到的读者去想象，去评判。零度叙述，尽量克制热情的褒贬，却可以写得有生趣，耐玩味。就像弄了大半辈子的小品文，冲淡，疏朗，是一种宁静中的休息。

但他不可能绕过一切，尤其是鲁迅。当年，跟在哥哥身后从咿呀学语到

顽皮打闹,其间经历的多少趣事能离开哥哥的身影? 他知道,就是在鲁迅死去多年,在自己写作回忆录的时候,鲁迅都是一个巨大的存在,有时压迫他,有时催逼他,有时也和蔼地与他叙谈。烟雾缭绕中,鲁迅矮小的身影是那么巨大,他就站在自己行走的路中央,令他踌躇难进,令他张皇失措;很多时候似又在给他伸以援手,帮助他度过难关。现在,这个时刻又到来,既然哥哥鲁迅已经俨若神明,那何不索性写一本《鲁迅的故家》? 借此还可以再次梳理一下那些早年的回忆,当然,重要的还有可以补贴自己的生计。自从走出老虎桥监狱,许多回忆就开始催逼着他继续拿起笔来,这种动力源于当下生活的困窘,也源于历史的不能忘怀——不然,光阴真的要掠走一切了,鲁迅没有记录下的人与事将不会有人知晓了。还有,鲁迅小说中的人物,那些原型隐匿于时光的深处,很多也是自己熟悉不过的,倘若能付诸文字,则是鲁迅小说很好的注脚,应该是非常有价值的,毕竟,自己所掌握的资料,当仁不让是第一手的、惟一的。想到这些,周作人有些惶恐,但他在黑暗中又仿佛看到了鲁迅的微笑,那微笑极其复杂,微笑之后似乎又点了点头,已然又是一种默许。自尊心极强的周作人明白一切,明白鲁迅,也明白自己。于是,十几年之后,他在《知堂回忆录·不辩解说下》中写道:"我很自幸能够不俗,对于鲁迅研究供给了两种资料,也可以说对得起他了。"话语透出一种客情,一种生分,一种表白,还有一种解脱,一种其实根本无法放下的释然。而他说的"两种资料"就是《鲁迅的故家》和《鲁迅小说里的人物》。其实此外,还有《鲁迅的青年时代》。他感觉兄长鲁迅就站在离他不远的地方静静地吸烟,烟雾散去,他的清癯消瘦的面庞便再次清晰起来……

二

百草园首先进入周作人的视线。"这园是实在的,到现今还是存在,虽然这名字只听见老辈说过,也不知道它的历史,若是照字面来说,那么许多园都可以用这名称,反正园里百草总是有的。不过别处不用,这个荒园却先这样的叫了,那就成了它的专名,不可再移动了。""一个园,一个家族,那么些小事情",不止构成了鲁迅当年的生活背景,也同样是周作人早年的生活背景。园中的空气清新地流动着,寂静的中午,阳光散落在细草之间,一些飞虫在潮湿的空中振翅舞动,穿过老旧的土墙,将一丝微微的声响带到墙的那边去了。

在周作人眼里,百草园是天下最好的园子,也许有点敝帚自珍的意思,但他在《知堂回想录》中确说出过自己的道理:"苏州多有名园,其中我只见过刘园,比较的还是整齐,可是总觉得是工笔画的样子,很少潇洒之致,中国绝少南宗风趣的园林,这是我个人的偏见,因此对于任何名园,都以为不及百草园式的更为有趣。"故此,他很欣赏鲁迅的那篇《从百草园到三味书屋》对园子的无比生动和翔实的记录:

我家的后面有一个很大的园,相传叫作百草园。现在是早已并屋子一起卖给朱文公的子孙了,连那最末次的相见也已经隔了七八年,其中似乎确凿只有一些野草;但那时却是我的乐园。

不必说碧绿的菜畦,光滑的石井栏,高大的皂荚树,紫红的桑椹;也不必

说鸣蝉在树叶里长吟,肥胖的黄蜂伏在菜花上,轻捷的叫天子(云雀)忽然从草间直窜向云霄里去了。单是周围的短短的泥墙根一带,就有无限趣味。油蛉在这里低唱,蟋蟀们在这里弹琴。翻开断砖来,有时会遇见蜈蚣;还有斑蝥,倘若用手指按住它的脊梁,便会拍的一声,从后窍喷出一阵烟雾。何首乌藤和木莲藤缠络着,木莲有莲房一般的果实,何首乌有拥肿的根。有人说,何首乌根是有像人形的,吃了便可以成仙,我于是常常拔它起来,牵连不断地拔起来,也曾因此弄坏了泥墙,却从来没有见过有一块根像人样。如果不怕刺,还可以摘到覆盆子,像小珊瑚珠攒成的小球,又酸又甜,色味都比桑椹要好得远。

长的草里是不去的,因为相传这园里有一条很大的赤练蛇。

周作人并不想像鲁迅那样写作一篇美文,他的回忆只是要尽可能达到真实和简约。但也要有趣味。那趣味只从平淡中来,那是他的拿手好戏。"百草园的名称虽雅,实在只是一个普通的菜园,平常叫做后园,再分别起来这是大园,在它的西北角有一小块突出的园地,那便称为小园。大园的横阔与房屋相等,那是八间半,毛估当是十丈,直长不知道多少,总比横阔为多,大概可能有两亩以上的地面吧。小园一方块,恐怕只有大园的四分之一。"时间是最有魔力的,在人生的跋涉中,回首和流连往事,童年的美好时光往往最先跃入心田,其间,有多少事物被快乐和幸福的色彩染成了最美的图画,像一抔一抔泥土被塑成了精美的陶器。即使再一次还原为泥土,那些美丽的印象也早已经深深地印在心中,非但不再惧怕光阴的磨损,反而会在记忆的手掌不停的抚摸下变得越来越光洁、温润。周作人试图还原当年鲁迅曾经生活过的时空、环境,但背景却只能是遥远了。岁月留下了迤逦的磨痕,记忆有的越来越清晰,有的却是越来越模糊了。他要在不停的搜索和巡视中,发现那些人能清晰可辨的东西,同时也留下自己的气味,自己的感知。

园里的植物,据《朝花夕拾》上所说,是皂荚树,桑椹,菜花,何首乌和木莲藤,覆盆子。皂荚树上文已说及,桑椹本是很普通的东西,但百草园里却是没有,这出于大园之北小园之东的鬼园里,那里种的全是桑树,枝叶都露出在泥墙上面。传说在那地方埋葬着好些死于太平军的尸首,所以称为鬼园,大家都觉得有点害怕。木莲藤缠绕上树,长得很高,结的莲房似的果实,可以用井水揉搓,做成凉粉一类的东西,叫做木莲豆腐,不过容易坏肚,所以不大有人敢吃。何首乌和覆盆子都生在"泥墙根",特别是大小园交界这一带,这里的泥墙本来是可有可无的,弄坏了也没有什么关系。(《鲁迅的故家·百草园·园里的植物》)

在描述中,周作人一直有一种意识,就是为鲁迅的作品作注脚或解释。他写下这段文字时,一定是记起了鲁迅当年因为不停地寻找人形何首乌而损坏了泥墙的事。童年的乐事该有多少啊,沿着鲁迅的文字,周作人浮想联翩,他看到了当年自己眼中的景象、那些小小的不可替代的欢乐:"在野草中间去寻找好吃的东西,还有一种野苎麻可以举出来,它虽是麻类而纤维柔弱,所以没有用处,但开着白花,里面有一点蜜水,小孩们常去和黄蜂抢了吃。它的繁殖力很强,客室小园关闭几时,便茂生满院,但在北方却未曾看见。小孩所喜欢的野草,此外还有蛐蛐草,在斗蟋蟀时有用,黄狗尾巴是象形

的，荼苢见于《国风》，医书上叫做车前，但儿童另有自己的名字，叫它做官司草，拿它的茎对折互拉，比赛输赢，有如打官司云。蒲公英很常见，那轻气球似的白花很引人注目，却终于不知道它的俗名，蒲公英和白鼓钉等似乎都只是音译，要附会的说，白鼓钉比蒲公英还可以说是有点意义吧。"

　　他沿着鲁迅的文字行走着，却在抬头间发觉到了更多的事物，那并不是鲁迅忽略的，而是一些枝枝蔓蔓，但在周作人的眼里却疏朗有致、意境婆娑，他要用这些枝枝蔓蔓作些补充，好向读者说明鲁迅的艺术创作的真实来历。没有被兄长写进《朝花夕拾》里的物象，在他娓娓的描述中都竟是美丽的。这奇怪么？一位六十多岁的老人，与一位当年才四十多岁的中年人，回顾童年相同的经历，心境自然是有区别的。他有时会想象一下，设若鲁迅也活到了他这般年纪，甚至更老，他还会写更多关于绍兴故家的文字吗？难以确定。此时，他记起林语堂对鲁迅的描写，虽有些刻薄，但基本符合他的性格，一个人一旦成了斗士或者挑衅者，他的周围便更多的是敌人，他的生活便失去了美丽和诗意。"诗意的栖居"在鲁迅那里是难以想象的，在自己这里也许用回忆尚可带来那么一点点。活下来，也许是一种幸运，即使一个人书写的历史上有黑色的污墨。周作人依然用写作寻找自己的解脱，他不想辩解，他知道辩解不再有任何用处。那就尽可能地去记录最早的记忆吧，越翔实，越是一种安慰。

三

　　周作人心境平和起来，他在娓娓地叙述，并慢慢品咂着其中的乐趣，那种滋味是难以表达的，既平淡又神奇，似一双温柔的手掌，可以抚平略微激动的情绪，让人在绵绵的追忆中平静下来，慢慢窥清时光之流中的纷纭物象。窗前移动的树影，安谧，岑寂。他努力向外面、向远处望去。暮色四合。此刻，他希望能再次看到熹微的晨光，能再次看到《朝花夕拾》里"叫天子"。鲁迅记录的是否有误呢？他好像并没有看到过。叫天子从草间飞上天去的情景该有多么动人，在蝉声的高唱中，夏天的早晨明朗而欢快。还有蟋蟀和油蛉的低声吟唱，草尖上的露珠折射出第一缕阳光……蠓虫飞舞的百草园，草丛中应该还有其他的鸟儿栖落吧，它们的叫声在有人靠近时突然停住了。

　　动物带来的趣味总是更多，窗外秋夜的虫鸣像动人的弦歌，时起时伏，时断时续。灯光暗下来，纸上的字迹模糊不清。周作人站起疲惫的身躯，将目光投向茫茫夜空，沿着虫鸣撩动的波纹，向时空深处的百草园凝神张望。他仿佛在屏息倾听，在用脑子仔细分辨，那些幼年在游戏中、在长辈的讲述中得来的知识依然记得那样清晰，连自己都有些吃惊："蟋蟀是蛐蛐的官名，它单独时名为叫，在雌雄相对，低声吟唱的时候则云弹琴，老百姓虽然不知道司马相如琴心的故事，但起这名字却极是巧妙，我也曾经听过古琴专家的弹奏，比起来也似乎未必能胜得过。普通的蛐蛐之外，还有一种头如梅花瓣的，俗名棺材头蛐蛐，看见就打杀，不知它们会不会叫。又有一种油唧蛉，北方叫作油壶卢，似蟋蟀而肥大，虽然不厌恶它，却也用不饲养，它们只会嘘嘘的直声叫，弹琴的本领我可以保证它们是没有的。油蛉这东西不知道在绍兴以外地方叫做什么，如果解说，只能说是一种大蚂蚁似的鸣虫吧。"（《鲁迅的故家·百草园·园里的动物》）还有黄蜂、蜈蚣和斑蝥，那些危险的东西小孩子们是不敢碰的；至于赤练蛇，本来就子虚乌有，不过当年小孩子是信以为真的，似乎还曾经问过住在园子中一间破屋子里的大烟鬼四七伯见没见到过。鲁

迅曾经写过一篇"歪诗":"我的所爱在豪家,想去寻她兮没有汽车……爱人赠我玫瑰花,送她什么?赤练蛇。"鲁迅说的赤练蛇莫非也出自百草园?不过,他是很喜欢写到蛇的,什么"那寂寞像大毒蛇缠住了我的身心"什么"只有纠缠如毒蛇,执著如怨鬼,二六时中,没有已时者有望。"鲁迅就是属蛇的。他忽地记起他发表于1925年5月8日北京《莽原》周刊第3期的那篇文章,何止是那一篇,多少文章里都写到蛇,而且对蛇有一种同情,一种击赏,一种热爱,这可不是巧合。还有《野草》里的那一篇《墓碣文》(1925年6月),难道不是他的自喻么:"有一游魂,化为长蛇,口有毒牙,不以啮人,自啮其身,终以陨颠。"周作人觉得,蛇,是兄长鲁迅认同的同类,他自己就说过"枭蛇鬼怪,也是我的朋友,这才真是我的朋友"。可以看出,同在百草园成长,那个长子鲁迅经历的心灵苦难也许多多了……想到这里,周作人的脸上露出了一丝苦笑。他不愿去想鲁迅心中的黑暗,他只想解释一下赤练蛇,至少在鲁迅的笔下,它还不那么可怕。还有阿常讲的美女蛇,在传说中当然也是很美的。白娘子不也是蛇变的吗?"赤练蛇只是传说说有,不曾见过,俗名火练蛇,虽然样子可怕,却还不及乌梢蛇,因为那是传说要追人的。"周作人改不了对事物的解说癖好,凡是能联系起来的东西,他总想拿过来说上一说。也许,他更想抓住那些散落的回忆,把它们重新组织起来,换回逝去了几十年的童年时代,一个梦中时时浮现的绍兴记忆。

院子里的动物很多,包括《朝花夕拾》中记录过和没有记录过的。周作人在努力回想着,他第一次写到了少年鲁迅,那是一个冬天,园子里阒寂无人,哥哥鲁迅放下手中的书,忽然要去捕麻雀了,气氛一下子活跃起来。这样的乐事几乎每个冬天都要进行。作为弟弟,他其实不知已经等待盼望了多久了。捉麻雀的方法还是运水教给的,这位在海边生长的帮工庆叔儿子知道很多有趣的事情,他后来被鲁迅写进了小说,那就是《故乡》中的闰土。运水和他们走进百草园的时候,大伙一定是欢呼雀跃了一番的,也许当时是在征得了大人们同意的,也许根本就是偷偷进行的,情形还颇神秘。周作人跟在鲁迅的身后,蹦跳着寻找捕雀的工具:一具箩筛,一节木棒,一根长长的绳索。园当中支好箩筛,绳子的一头紧紧牵在手里,大家藏到麻雀们看不到的地方。槐寿(即周作人)是很想拽那根绳索的,但它被哥哥紧紧攥在手里,他只能眼巴巴地看着哥哥和箩筛的下面,几只麻雀从墙头上飞下来,在长长的绳子边唧唧喳喳、蹦蹦跳跳,然后就过头来朝这边张望。他们紧张地立马屏住了呼吸……这是许多人儿童时代都玩过的游戏。五十七年后,周作人写到:"至于麻雀自然多得很,鲁迅所记雪地里捕鸟,所得是麻雀居多。那一回是前清光绪癸巳(1893)年的事,距今已是五十七年了。那年春初特别寒冷,积雪很厚,鸟雀们久已无处觅食,所以捕获了许多,在后来便再也没有这样的机会,不全是为的拉绳子的人太性急,实在是天不够冷,雪不够大,这原因是很简单的。"八岁的儿童,那些事情当然会记得,何况又是那样有趣而美妙的事情。鲁迅对捕鸟的事在他那篇著名的《从百草园到三味书屋》中也做了生动而美妙的记载:

冬天的百草园比较的无味;雪一下,可就两样了。拍雪人(将自己的全形印在雪上)和塑罗汉需要人们鉴赏,这是荒园,人迹罕至,所以不相宜,只好来捕鸟。薄薄的雪,是不行的;总须积雪盖了地面一两天,鸟雀们久已无处觅食的时候才好。打开一块雪,露出地面,用一枝短棒支起一面大的竹筛来,下

面撒些秕谷，棒上系一条长绳，人远远地牵着，看鸟雀下来啄食，走到竹筛底下的时候，将绳子一拉，便罩住了。但所得的是麻雀居多，也有白颊的"张飞鸟"，性子很躁，养不过夜的。

五十七年了，鲁迅(那时候叫樟寿)当时也只是个十二岁的少年，如今，已经去世十四年了。岁月倥偬，往事不再，一切恍如隔世。那个园子现如今还是旧时的模样吗？故乡绍兴还有机会回去吗？那些涌动的气味和声音、那些丝丝缕缕的往事啊……想到这里，周作人还是按捺不住，微微叹息了一声。

四

周作人有时感到很奇怪，他的善吃、好吃，那品位和挑剔是否也和那园子里的出品有关，反正水是故乡的甜，米是故土的香。他有这么强的家乡观念吗？不，这不是被培养出的观念，而是从根儿里带来的，虽然他很少文化上的"水土不服"，但对于一日三餐的吃，也许还是不由自主地念想家乡的滋味——有时，就是那"百草园"里的物产的滋味。鲁迅是写过菱角、罗汉豆、茭白、香瓜的，曾说"凡这些，都是极鲜美可口的；都是使我思乡的蛊惑"，对于自己，又何尝不是如此呢？想想那些园子里出产的菜品，那些青翠欲滴的颜色，周作人难以抑制一丝炫耀的冲动，他要绘声绘色地描绘一幅"百草园瓜蔬图"：

……园里的出品，最为儿童所注意的，是黄瓜和萝卜。黄瓜买了秧来种，一株秧根下一块方土，整齐平滑，倒像是河泥种的，长出藤来的时候给用细竹搭一个帐篷似的瓜架，就只等它开花结实好了。萝卜买种子来下，每年好丑不一样，等秧长了两寸疏散一下，拔去生得太密或细小的，腌了来吃，和鸡毛菜相仿，别有风味。小孩子得了大人的默许，进园子去可以挑长成得刚好的黄瓜，摘下来用青草擦去小刺，当场现吃，乡下的黄瓜色淡刺多，与北方的浓青厚皮的不同，现摘了吃味道更是特别。萝卜看它露出在地面上的部分，推测它的大小，拔起来擦干净了，用指甲剥去皮，就可生吃，这没有赛秋梨的水萝卜那么多水分，可是要鲜得多。此外南瓜茄子，扁豆辣茄，以及白菜油菜芥菜，种类不少，但那些只是做菜用的，儿童们也就不大觉得有什么兴趣了。

（《鲁迅的故家·百草园·菜蔬》）

周作人真是一位白描的高手，只在淡淡的三言两语中，就把百草园里的瓜蔬种植和儿童的纯真天性写了个妙趣横生，入理入情。这样细微生动，疏淡明朗的纪录，是因为他曾是个种菜的行家里手呢，还是早慧的孩童对吃与玩的不可泯灭的记忆呢？抑或百草园一直就是他一辈子的快乐之源呢？

秋天了，百草园的白菜和萝卜收获之后，土壤里再没有可以种植的东西。孩子们等待晒谷时刻的到来，确切地说事等待"忙月"工人庆叔的到来。周作人喜欢看他晒谷的本领，"把簟摊开，挑谷出去，一张簟上倒一箩谷，拿起一把长柄的横长的木铲，将谷从中央洒向四面去，刚刚摊到簟边，到了中午，他拉簟的四角，再使谷集中成为一堆，重新摊布，叫它翻一个面。"周作人看他看得入迷，尤其是他用的晒谷器具，少见得很，那是"一块长方木板，略

为坡一点的钉牢在长柄上的晒谷器具",那是他的创作吗？他怀了这个疑问。许多人晒谷用的是猪八戒式的木钉爬，动作也不如庆叔使用木铲的纯熟巧妙。看的时间久了,庆叔的晒谷便被当成了正宗。除了晒谷,周作人最感兴趣的是他的手艺，那是跑去玩的最大乐趣之一。后园门口的两间房是庆叔住的,庆叔在海边种着沙地,农闲的时候便来城里做工。他补竹簟的手段十分纯熟,得心应手,见着就让人感觉愉快。还有竹做的细工,竹做的玩具,有些是实用的,却表现了一个农民的心灵手巧和审美情趣;有的恐怕就是哄孩子玩的,当然会引得他们聚在那里观看、等候,然后,就是拿了玩具后的欢快与嬉闹。这样的经历很多人是有过的,上个世纪七十年代,还有游走在城市街巷的、甚至来自外省的木匠,在有要打家具的人家住下来,干上几天的木工,以此维持生计。家里有小孩的,便会天天围在周边观看,等待桌椅、衣柜做好了,那剩下的边边角角的木料则成了制作玩具的最好材料。如果木匠愿意高高兴兴地应承,那么他在孩子的眼里就是一个了不起的魔术师了。当然,北方的木匠做的并不是周作人说的"竹作"一类,但带给孩子们的乐趣定然是一样的。

百草园给与周作人的快乐是别的东西无法取代的，至于它到底为什么好,真是难以讲清楚。但故土的血脉之情是无法舍弃的,对于绍兴,周作人写过这样一句话:"绍兴是故乡,百草园是故居,在人情上不能没有什么留恋。"(《鲁迅的故家·百草园·寒暑》)但如果论起故乡的气候,水乡绍兴似乎也没有什么好于别处的地方,虽说冬天不冷,有些花可以在屋里过冬,但却门窗洞开,"屋顶砖瓦缝中风雪可以进来,坐在屋里与在外边所差无几,只靠棉衣和暖炉的力量实在有点敌不过来……冬天睡在床上半夜里的冷醒，与夏天半夜里的热醒,都是极平常的事……"还有,夏天与蚊子的抗争更令人痛苦,尤其在黄昏的时候,人似乎就行走在蚊市里……然而,这有什么呢? 这些苦恼也是在周作人离乡之后又返乡居住六年时的深刻体验罢了,儿童时代的他恐怕是并不曾过分留意这些的,自然也不会有以后体察的苦恼。相比他喜爱的东西,那些别处无法给予他的东西,这点苦恼便不算什么了,于是,他才说:"……在这种不讨人喜欢的气候中间,冬天的鲞冻鱼与糟鸡等,夏天的笋与杨梅,真的石花,再迟下去是大菱,却都是好的,都值得记忆。因此我们或者可以说,关于故乡的回忆大抵以风俗与物产为主,地方名胜在其次,至于天时自然是最少关系的了。"

但百草园的快乐岁月毕竟是短暂的,百草园也并不是永远的乐园——它渐渐消失了,只留在了记忆深处。如果说一个园子也有自己命运的话,那么它不会因为自己的美丽而永远驻留人间,因为它的命运,它的一草一木早已被人所主宰。家族的破落必然导致它最终的归宿,那就是难逃被卖掉、被荒弃的命运。周作人在讲述百草园最后命运的时候,感情是复杂的,是无奈,是哀伤,是留恋,是痛楚? ——园子消失了,童年的快乐也就终止了。虽然可以反复去回忆,但是,那园中的一切,那些斑驳的色彩,那些树木、花鸟,虫豸、传说,再不能在眼中复现,那些故事、人物,也已然在默默的回首中销声匿迹,消失了存在的舞台,消失了所有的细节和体温……

百草园的事情说来很长,但是按下去说,它的历史实在是相当短的。宁寿堂的匾额改为德寿堂,显然为了避清道光的讳,这已是十九世纪的事,即使说新台门的成立提早在嘉庆时代,也还是十八世纪末年而已。至于园的作用时间更是短了，以前以后仍是一个荒原或菜园，只有在中间这几年发挥了百草园的作用，如《朝花夕拾》中所说的，大概至多不过七八年，即自癸巳至庚子之间。鸣蝉与黄蜂，蟋蟀与斑蝥，何首乌与覆盆子，它们可能长久存在，如没有人和它们发生联系，那么这也是徒然的，只是应时自生自灭罢了。

新台门于民国八年如《朝花夕拾》上所说卖给了朱文公的子孙了，可是那园子却早已半身不遂，也可以说被阴间小鬼锯作两爿，简直不成样子了。朱家最初住在东邻，后来逐渐向外发展，收买了王广思堂的北部，在咸欢河沿开门，接着也归并了百草园贴邻的孙家房屋。民国二三年顷，仁房的人公议出卖园地，作价一千元，让与朱家，乃于园中央筑上一堵高墙，东半部拿去不打紧，剩下的西半部也成了一长条，显得狭小，显然种菜还是可以。东边本来有孙家的高墙，但那边大概是住宅，严密也还当然，幸而园地宽大，西边梁家交界只是泥墙，既低而又多倾圮，西南一片淡竹林映影过来，仿佛是在一个园里的样子，所以并不怎么觉得，如今碉堡似的砖墙直逼到园中心来，这园至少也总是死掉了一半了……（《鲁迅的故家·园的最后》）

周作人还幻想着园中大高墙被拆掉，因为在鲁迅的笔下，百草园的中间是没有间隔的。在他心中，百草园其实已经是一个精神的寄托，是一处心灵可以依托的对象，在那里，他能找寻到童年的自我，并以此获得精神的宽慰。然而，园子的变迁却在他灵魂的深处涂抹上了一层浓重的阴影，那时一个家族颓败的先兆。他给我们留下百草园的最后的消息，在落笔的一刻，心中的失落是从来没有过的。

台门之内，那流动的记忆

一

意识就像一条流动的河，不停地游走、奔泻。在繁复的回忆中，周作人始终想保持一种明晰的自觉，用散淡的几乎平白的文字记下其中的缕缕脉络，他喜欢简单、洗练，厌恶芜杂、浓艳。这正如喝苦茶，味道似乎是单一的苦，但是几盅下去，却又回味出无数的甘甜来。也如饮绍兴的酒，起初并不浓烈，几杯入口，微醺的滋味便渐渐滋润了身心，缓缓地又漫上一种持久的力道。有时，他仿佛觉得自己像一名渔夫，漫无目的地摇着小船，在波光粼粼处随意撒出一幅巨网，在看似无心的漫长等待后，便收拢起许多记忆之湖里的鲜活回忆。他聚精会神地搜寻那些跳跃的浪花和思绪，分辨浩渺的水面之下那与心灵共鸣的和声，然后，他将

那最为动人的音符收入手中,轻轻地握住,并仔细观瞧。很久,他直起腰身,目光投向远处,在水天一色的光景中,他的眼神渐趋迷离,他的意识又化作一道光,与消逝的岁月聚合在一起。

回忆是一件多么神奇的事情!一个情景会牵出另一个情景,一个人物的故事会连接着许多个其他人物的故事,甚至一种恍惚的声音、一缕飘渺的气味,都足以勾起人们浩如烟海的记忆。它漫漶无边,时断时续,有时清晰宛在目前,有时破碎俨然陌生,有时看上去黑白分明、烛照如炬,有时分辨来竟万般困惑、乱缠如麻。人会怎样选择,在提起笔就要下手的那一刻?

周作人对此向来都是平和、从容的。他不需要屏住呼吸、目光如炬;更不会激情澎湃、眼含泪水。他的文字是在眼前杯子中袅袅上升的雾气里缓缓展开的,他往文字中注入的淡淡幽香,只有在几步之外方可嗅出。他就像一个高明的建筑师,专用最简单的材料,使用最简捷的线条,且很少敷以颜色,你只有在远处,才能感觉到它的生动气韵,看出它的独特与坚实。

很久以来,我都在断断续续地阅读《鲁迅的故家》这本书。书中涉及了众多的人物,却不是小说般,需要紧张生动的情节,乃至悲欢离合的结局。这都是散文中的人物,真实地散落在每个短短的篇什中。有时,我很怪这种记录的散漫、不经心,甚至随意的跳跃,却不能不被他的"淡"味儿所吸引。很多人物的结局摆在那里,他们的生命在某个时间段里活跃过,或悲或喜,或可笑或可爱,或滑稽或沉痛,却均突显了各自不同的独特性。这些独特性便是周作人执笔的着落点,恐怕也正是他记忆最清晰的地方吧。

还有那些故家美妙的景致、有趣的风俗,它们如水乡粼粼的波光,随着乌篷船的摇荡,渐渐汇入到夕阳的余晖中去了……这,也许就够了;这,也许再不用诗意的想象。

　　周作人在岁月的深处，看到了自己意识流动的影子，它们追逐着小河里的浪花，闪烁跳跃，或隐或现，或行或止。他伸出手去，仿佛要抓住它们；他探过身去，似乎要看清他们。就在这一个个倏忽即逝的瞬间，他终于撷取到了一朵朵美丽的记忆的浪花……

<h1 style="text-align:center">二</h1>

　　对于故家美的景致，周作人是时时怀念着的，曾经在那里活动着的人物如今早已经散去，但那些花草、树木，那几处绿荫如盖的庭院似乎还在吧——至少，它们在自己的心中永远是鲜活的，带着生机的，值得铭记的。比如"大书房"，带有旧家的气派和安逸，许多事物是可以入画的。正因为心中的喜爱，周作人对其周边的房屋格局、院子里的一草一木都分辨、记录的十分清晰、准确，他仿佛站在空中，能在脑海里勾勒出它的完整的立体画面。他说道，大书房后面的厅房归兴房所有，"平常当作客室用，计朝西屋三间，朝北屋四间，成曲尺形，转角这一间有门无窗，别无用处，院子不大，却很有些树木，有月桂，虽不是每月，秋季以外常发出桂花香来，可见的确开花的，罗汉松结子如小葫芦，上青下红，山茶花、枇杷、木瓜各一株，北窗均用和合窗，窗外有长石凳高低四列，可知以前是很种过些花，大概与兰花间的名字是有关联的。大书房系南北大方各三间，中间一个明堂，靠西是一株桂花，东边一个花坛，种着牡丹，两边是过廊，与南北房相连接。"(《鲁迅的故家·百草园·六三大书房》)大书房的景致是迷人的，周作人对它的眷恋渗透在字里行间，

不用去流露任何感情,但是那干净的画面,那种疏朗文笔带出的情致,谁不会喜爱呢? 当然,这里也是鲁迅和周作人最早的人生背景,许多有趣的事情在这里发生过,许多后来鲁迅小说中的人物原型在这里活动过。这些,周作人自然也不会忘却,当他继续写下去的时候,他分明感到旧物宛在目前,逝者俨然尚在:

　　大书房最初是玉田督率他子侄辈读书的地方,时代大概是癸巳甲午,那时牡丹桂花都还健在,伯文与仲阳常因下棋吵架,一个将棋盘撕碎,一个拿棋子洒满明堂中,过了一会又决定从新比赛,便分头去满地捡拾黑白子,或往东昌坊口杂货小铺买纸棋盘去了。本名孟夫子的那位孔乙己也常来枉顾,问有没有文件要抄写,也或顺手拿一部书出来,被玉田碰见,问为什么偷书,答说"窃书不是偷",这句名言也出在那里。这之后闲废一时,由礼房四七诚房桐生先后寄居,末了礼房利宾全家移入,一部分租给中房月如日如兄弟,阿Q的老兄也即是《在酒楼上》所说的长富父女,也借助一角,于是这大书房乃大为热闹起来了。(《鲁迅的故家·百草园·大书房》)

　　旧时的场景就是一个活动的舞台,这舞台在周作人的心里是一个完整的世界,虽然背景在不停地转换,可是那记忆的视角,在时间和空间的交错中变幻出了不同的色彩。幼年的周作人有一双聪慧而明亮的眼睛,凡是被他捕捉到的光线均留下了清晰的刻痕,在老年的回味和品咂中,那些光线的味道仍在空中散布,意味深长,常嗅常新。那些情与景也夹杂着不同的心绪闪回,浮现,缭绕,慢慢清澈,继而又慢慢消失,淡去……

三

大台门。家族的气派在小时候还依稀存在,那种印象一生都难以抹去。鳞次栉比的周家老宅院,各房繁衍生息的人口编织出的复杂关系网络,还有夜晚出行时周氏家族特有的标志:淡黄色的灯罩蒙着的大灯笼,摇晃的烛光间三个黑色大字分外扎眼:"汝南周"。恍若梦境的烛光仿佛诉说着"一个古老家族的充满温馨而又略带凄凉的回忆……"(钱理群语)

周家是个大家族,《越城周氏支谱》记载,绍兴周氏远祖乃宋代理学鼻祖周敦颐,曾培养了程颢、程颐等一代英才大儒,还有嫡传学孙朱熹。喜欢炫耀家族名威的祖父周福清在《同治丁卯科并补甲子科浙江乡试硃卷·履历》中称其远祖"宋封汝南伯,元封道国公,学者称濂溪先生,从祀文庙。"(张耀杰《绍兴周氏的实业与科举》,《闲话(之二)》,青岛出版社,2008年1月第1版)但祖先的"文化产业"并没有绵绵不断地泽被后世以至永久,"诗书传家"只是统治者和民众共谋的社会稳定契约。然而,谁都无法否认,文化的遗脉却拥有潜在而强大的生命力。这种生命力会在农耕社会中的小康之家"破土而出",展露飘渺的希望之光。按照周作人的说法,从始迁祖算起到他这一辈已有十四代,四百年的历史。据说第一世逸斋公迁至绍兴城内居住是在明正德年间。逸斋公的名字已经不可考,他或许最初是务农的,又或许后来经了商,于是家境开始富裕起来,子弟可以进私塾,乃至读书赶考,到第六世韫山公(周煌)则考上举人了,他的儿子周绍鹏靠着从本家"十太郎"那里借来的钱开办了"尊德"与"崇德"两家当铺,开始发家,并且在他的儿子周渭手中得以

迅速繁荣发展，于是，周家自此在绍兴商业同行中"一枝独秀"。周渭"端瑾多谋略，能以财力起其家。""积资扩先绪，置典库，亲司出纳，不十数年，而起大家。"周作人生活的东昌坊口新台门，连同福彭桥南侧的周家过桥台门，均是建于周渭手中(同上)。韫山公的孙子辈又分成了致、中、和三房，但传到鲁迅、周作人这一辈，家道便中落了，按照周作人的说法就是"看着它差不多与清朝同时终于'解钮'了。"周家四百年间共出了四位举人，只有祖父周福清中了进士、点了翰林，但周家也恰恰败落在他的身上。也许在一个风云际会的乱世，家道中落，从小康而入困顿是历史的必然，但它酝酿的悲剧却会施加到每一个个体身上，由他们去承担，去抗拒，或者便被摧残，被毁灭。这个过程对周作人而言是短暂的，也是漫长的。短暂在于，他是家族解钮的受益者，在少年时代便与令人悲哀的家族巨网一刀两断而走上了新的路途，人的一生不就是在被动的接受中去主动寻求幸福和希望吗；漫长在于，他从没有真正彻底摆脱故家的旧影，他对记忆中的故家感情是复杂的，是在厌恶中有怀念，哀伤中有怜惜，矛盾中有喜悦，批判中有珍爱。那是他出生的地方，出生的地方与自己的一生血脉相连，就像基因，难以抹去遗传的密码。

所以，我们也可以想见，在记录故家情形、故乡风物和习俗的时候，周作人的心情还是颇有些兴奋的，甚或有些自傲，也许当时他并不喜欢那些大人们维护家族传统的东西，但过了几十年，当那些东西在完成了历史使命，终于销声匿迹之后，他对它们的感情似乎变得颇有些依恋了，潜意识中的眷恋，竟让他不知不觉间用了许多考证的手段——小时候的记忆似乎并不能那样的准确和细致，对于并不喜爱也并不讨厌的事务，记忆往往最终会忽略它们的存在，只能靠日后各种方式的寻找，重新拼接起破碎的影像。不过，现在看来,那些东西真是值得记录下来的,它有助于理解鲁迅作品中人物生存的社会背景,也当然也有助于认识旧时代的面貌,有助于同时理解周作人笔下故家的人与事。

对于家族解钮后各自的归路,周作人在《台门的败落》中进行了较为详细的阐述,这基本上是那个时代封建大家族共同的命运:

乡下所谓台门的意思是说邸第,是士大夫阶级的住宅,与一般里弄的房屋不同,因此这里边的人,无论贫富老少,成为台门货,也与普通人有点不同。在家景好的时候可以坐食,及至中落无法谋生,只有走向没落的一路。根据他们的传统,台门货的出路是这几条,其原有资产,可以做地主,或开当铺钱店的,当然不在此限。其一是科举,中了举人进士,升官发财,或居乡当绅士。其二是学幕,考试不利,或秀才以上不能进取,改学师爷,称为佐治。其三是学生意,这也限于当铺钱店,若绸缎布店以次便不屑干了。可是第一第二都要多少凭自己的才力,若是书读得不通,或是知识短缺,也就难以成功,至于第三类也须要有力的后援,而且失业后不易再得,特别是当铺的伙计……照这样情形,低不就,高不凑,结果只是坐吃山空,显出那些不可思议的生活法,末了台门分散,混入人丛中不可再见了。论他们的质地,即是不能归田,很可能做个灵巧的工人,或是平常的店伙,可是懒得做或不屑做,这是台门的积习害了他们,上文所说的好多人情形不一样,但其为台门悲剧的人物,原是根本相同的。

周作人做这般总结时,想起的是子京、四七、子林、桐生等人物的悲剧。

其实,那个时代凡是发生在大家族里的悲剧,其主人公的遭际大抵都有着共同性,像巴金《家》《春》《秋》里的"四爸"、"五爸"、觉新等人,其中,有封建王纲解钮时的破落户、无能的痞子,也有善良的受害者、家族的牺牲品。

四

周作人是一位风俗学家,时间留给了他一幅幅故土、旧园的亲切画面,那是温暖悠闲的儿时岁月,在慢慢地回忆中越来越清晰真切。童年的周作人,并没有经历多少人世的苦难,他没有作为长子、长孙的鲁迅所过早见识的世态炎凉,长辈给予的温情呵护毫无疑问使他拥有了一个"金色童年",那也许是台门之内的周家院墙里所能拢住的最后一丝"温暖"了。这一丝快要消失的温暖,倒让周作人感觉到故乡的春天是那么妩媚,那么久长。于是,他说:"……我觉得很是运气的是,在故乡过了我的儿童时代。在辛丑年往南京当水兵去以前,一直住在家乡,虽然期间有过两年住在杭州,但是风土还是与绍兴差不多少,所以其时虽有离乡之感,其实仍与居乡无异也。本来已是破落的大家,本家的景况都不大好,不过故旧的乡风还是存在,逢时逢节的行事还是不少,这给我留下了一个很深的印象。"(《立春以前·立春以前》)那"很深的印象"当有着心中温暖的背景,因为,乡间的风俗画面总是"暖色"的。最能代表乡间风俗的,自然是早年自家每逢年节祭祀的事情,那情景什么时候想起来都会历历在目:

"堂前平时只当作通路走,其用处乃是在于祭祀的时候。顶重要的当然是除夕至新年,悬挂祖像至十八天之多,其次是先人的忌日,中元及冬夏至,春秋分则在祠堂设祭。堂中原有八仙桌一二张分置两旁,至时放到中间来,须看好桌板的木纹,有'横神直祖'的规定,依了人数安置座位和碗筷酒饭,菜用十碗,名十碗头,有五荤五素至八荤二素不等,仪式是年长者上香,男女依次跪拜,焚化银锭,男子再拜,先为四跪四拜,次则一跪四拜,俟纸钱焚讫乃奠酒,一揖灭烛,再一揖而礼成。中元冬夏至于祭祖后别祭地主,即是过去住过这屋的鬼魂,由小孩及用人们行礼,多在廊下举行,有时也在后园门内设祭。"(《鲁迅的故家·百草园·廊下与堂前》)

当然,那时的周作人对这个祭祖过程并不感兴趣,只觉得繁缛礼节是何等枯燥与难捱。但这般的描写,亦可以看出当时的大家气象。在那样的氛围里,周作人只玩耍在大人们中间,看灶间的煮干菜肉、煎带鱼、炖豆腐,看忌日的杀鸡,听缸沿上的磨刀霍霍,或者看庆叔脚踩在缸里的腌菜情景,都是最富趣味的游乐。尤其是祭灶,灶头的热闹和鞭炮的繁响让孩子感到兴奋无比。尤其是百草园祭灶的那一回最为热闹,连从不去灶头的父亲也赶来了,这让他感到极为稀奇而且紧张。他记得那次祭灶不久,父亲就去世了。

祭灶之后,大家似乎一下子变得忙碌起来,有工人砍来新竹筱,束在长杆上,掸扫大厅,有人取来一辆担水,将地面冲洗干净,在偏向屋檐口的地方放置四张八仙桌,待时辰一到,各房便将三牲鸡鹅肉以及鲤鱼搬来陈列其上,还有分别置办的香烛爆仗茶酒盐腐神马等,一切备齐了,各房的男子便聚齐开始叩首礼拜……

香烟缭绕、鞭炮齐鸣,忙碌的人群,热闹的街景,小孩子们蹦蹦跳跳,笑

语欢腾，到处是斑斓的色彩、绚丽的装饰，它们时时倒映在水中，化作激滟波光，在夜晚的梦中不断地晃动，繁缛的礼节没有留下多少记忆，快活得气氛却游荡在生命之中，变成了珍贵的纪念。

最让周作人难忘的是"四时八节"的风俗与活动。清明节来了，人们纷纷乘船进入乡野，孩子们跟随着，那是盼望已久的放飞，野食与野趣，在他们眼里就是快乐，就是一切。多少年后，周作人用诗歌记录下了当时的情景，他把自己的诗歌命名为《儿童杂事诗》，其中一首曰："扫墓归来日未迟，南门门外雨如丝。烧鹅吃罢闲无事，绕遍坟头数百狮。"可见，当时的快乐和幸福感是任何东西都无法替代的。他还记得当年扫墓的会餐，乡间的风俗形成的定制已然是吴越文化的一种积淀："此荤素两全之席，总以十碗头为一席，吉事全用荤，忏事全用素，此席用祭扫为多，以妇女多持斋也。""此等家常酒席的菜与宴会颇不同，如白切肉、扣鸡、醋熘鱼、小炒、细炒、素鸡、香菇鳝、金钩之类，皆质朴有味，虽出厨司之手，却尚少市气，故为可取。在'上坟酒'中还有一种食味，似特别不可少者，乃是熏鹅……以醋和酱油蘸食，别有风味。其制法虽与烧鸭相似，惟鹅稍华贵，宜于红灯绿酒，鹅则更具野趣，在野外舟中啖之，正相称耳。"（转引自钱理群《周作人传》第7页）

酒席上的吃物令人垂涎欲滴，那种味道真可以品咂一生。在暖暖的和风中，微醺的人们摇着橹，与坐在船篷里的女人和孩子说话，看着柳丝在河岸边荡漾，听着水声哗哗的撩拨，远处的村子慢慢近了，夕阳照在拱桥上，河边人家正打开窗户收起晾晒的衣服……那样的画面，那样的散淡的感觉，只有童年的故乡才有啊。如果远离了故土，哪个人不曾有过水土不服的感受呢？周作人是有过的，他记得曾经兴致盎然地搜寻过北京的小吃，结果很是失望,他将原因归结为人的浮躁所带来的不经心,还感叹传统的失落,其实,他在潜意识深处是在与故乡的记忆作比较,儿时珍贵的印象不只附丽于吃的东西上,它早已凝固在灵魂深处了,浓得再也化不开,散不去。端午的香袋、香球,中秋的"荤油大月"(月饼),重阳的菊花美酒,年节的"送灶"、"祝福"、"分岁"、"辞岁"、"拜岁"……一年四季,那些美妙的情景在周作人的心中一幕幕拉开,他的心跳逐渐加快,他握着笔的手开始微微抖动起来——他终究还是难以克制越来越多的回忆所带来的激动。此刻,他沉浸在快乐的追忆中,几乎忘记了鲁迅的存在。他在写自己的故家,那些只属于自己的记忆。于是,他的文字变得亲切起来,他熟悉的过去仿佛又来到了身边……"每一个节日,都在周作人幼小的心灵里,埋下一串串具有声、色、香、味之美的回忆。"钱理群在他给周作人做的传记里写道。他认为,周作人后来许多艺术思想的产生,与幼年的生活十分相关,或受到过很重要的启发。的确,六十多年后,当周作人回忆那段生活时,却发觉原来最早的记忆也正是自己学习知识和认知生活的来源:

"自冬至春这一段落里,本族本房都有好些事要做,儿童们参加在内,觉得很有意思,书房放学,好吃好玩,自然也是重要的原因。这从冬至算起,祭灶、祀神、祭祖、过年拜岁、逛大街、看迎春、拜坟岁,随后跳到春分祠祭,再下去是清明扫墓了。这接连的一大串,很有点劳民伤财,从前讲崇俭的大人先生看了,已经要摇头,觉得大可不必如此铺张,如以现今物价来计算,一方豆腐四块钱,那么这靡费更是骇人听闻,幸而从前也还可以将就过去,让我在旁看学了十几年,着实给了我不少益处。简单的算来,对于鬼神与人的接待,

节候之变幻,风物之欣赏,人事与自然各方面之了解,都由此得到启示,我想假如那十年间关在教室里正式的上课,学问大概可以比现在多一点吧,然而这些了解恐怕要减少不少了。这一部分知识,在乡间花了很大的工夫学习来的,至今还是于我很有用处,许多岁时记与新年杂咏之类的书我也还是爱读不置。"(《立春以前·立春以前》)

周作人在《鲁迅的故家·做忌日》一文中也曾经解释过他记录这些故家习俗的动因之一:"在以前旧家族里做忌日是一个很重要的节目。据《越缦堂日记》中所记,很有斋戒沐浴的神气,虽然或者是笔下装模作样,但风俗各别,异同可能很多,因此琐屑记录下来,也是民俗调查研究的一部分资料。"在《祭祀值年》一文中,周作人记录(或者也有后来考证的成分吧)了故家祭祀值年的定例习俗:

……一年应办的事从年底算起,是除夕悬神像设祭,新年供养十八日,再设祭落像拜坟岁,这与三月上坟,十月送寒衣,系三次的墓祭,冬夏两至及七月半,以及忌日。忌日的日数不一定,普通自然是祖先两位生忌讳忌各二日,但也有续娶的便要加算。祠祭及三月上坟均用三献礼,此外只用普通拜法,此因乡俗各别,多有亦同……祭时家长先上香,依次行礼四跪四拜,拜毕焚纸钱,再各一跪四拜,家长奠酒,一揖,灭烛,再一揖,撤香礼毕。三献时人多,不能与祭者于献后分排行礼,四跪四拜毕即继以一跪四拜,中间不再间断。此种拜法不知始于何时,后半似近于明朝的四拜,四跪四拜礼数繁重,似属可省。乡下定例妇女只拜一次,大概还是肃拜的格式,男子的所谓拜则是叩首兼作揖，其一跪三叩道的拜法称为官拜，唯吊丧时用之。

这些风俗，虽然当年的小孩子未必喜欢，但后来再回过头去看，也依然充满了趣味与欢乐，这恐怕是历尽沧桑的人最能体味出的，因为它上面布满了时间的刻痕，晃动着流年的碎影，凝固着个人和民族的记忆。很多风俗的确在今天看来是一种文化的遗存，但它被历史前进的车轮抛弃，已经风化在旧时代的泥土里。我们今天看到的某些非物质文化遗产的保护，其实存在着许多人为的刻意，已经渐渐退化为类似博物馆里东西，只是在某些需要的时候才拿出来展示罢了，即使努力恢复原有的样子，也已与商业化的表演拉扯上了关系。人们看得往往是热闹，再无法感受到它与生活与生命的关联。而有的则像纸页脆化的宋版书，价格昂贵，一般人却再难得一见，似乎只有供专家研究的份了，老百姓再无法窥其究竟，更不会关心它们曾经的存在与否——它们已与现实生活完无关，只留存在了档案里、书籍里，或者很少很少人的记忆里。但它们曾经是人们生活中须臾不能分离的存在，是一代一代中国人曾经生活过的场景。而经历过它们活生生的存在，又经历过它们最终退出历史舞台的人，心中所怀的情感，究竟是一种庆幸，还是一种留恋，抑或是一种无比的惋惜或追悼呢？今天，我们抚摸周作人的文字，却能突然感到他冷静的笔墨所蕴含的温热，那是对故家风俗的追忆中透出的喜悦和挚爱。这种温热一直持续着，它融化了时间和历史，它包含了我们共同的怀想和纪念。

在写忌日风俗的文字之中，很明显地能读出周作人的喜好。如果说那些繁文缛节的记录是描述故家的必须，那么祭祀风俗之中的人的活动和趣事，

以及琳琅满目的吃食,才是真正吸引周作人眼球的地方,那些"十碗头"、"六荤六素",原本就能勾起少儿的食欲;而人们做忌日开席后的热闹,尤其是平日很少会面聊天的妇女凑在一起后,那种微醺后的放松和快乐,竟然是如此动人,我们今天读之,似仍可看到周作人写作时那会心的微笑:

《越谚》卷中《饮食部》下有云,"会酒,祀神散胙。忌日酒,祭祖散胙。上坟酒,扫墓散胙。三者皆宴席而有酒名。"这种筵席都是所谓"十碗头"。《越谚》注云,"并无盘碟,每席皆然,唯迎娶请亲送者有小碗盘碟,近二十年来亦加丰。"这如名字所示,用十大碗,《越谚》中"六荤六素"注云,"此荤素两全之席,总以十碗头为一席,吉事用全荤,忏事用全素,此席用之祭扫为多,以妇女多持斋也。"做忌日时与祭者例得饮胙,便吃这十碗头的忌日酒,丰俭不一定,须看这一代祭祀的祭产多少如何。例如三台门共同的七八世祖的致公祭,忌日酒每桌定价六百文,致房的九世祖佩公祭则八百文一桌,菜的内容很有些不同。十碗头的第一碗照例是三鲜什锦,主要成分是肉丸、鱼圆、海参,都是大个大片,外加笋片蛋糕片,粉条垫底,若是八百文的酒席改用细什锦,那些东西都是小块,没有垫底,加团粉烩成羹状,一称蝴蝶参,不知道是什么意义。其次是扣肉,黄花菜芋艿丝垫底,好的改用反扣,或是粉蒸肉,也一样的用白切肉,不过精粗稍有差别罢了。鱼用煎鱼或醋溜鱼,鸡用扣鸡或白鸡,此外有烩金钩以及别的什么荤菜,却记不完全了。素菜方面有用豆腐皮做的素鸡,香菇剪成长条做羹名白素鳝,千张(百叶)内卷入笋干丝香菇等物名曰素蛏子,以及炖豆腐,味道都不在荤菜之下。夏天还有一种甜菜,系用绿豆粉加糖,煮好冻结切块,略如石花,颜色微碧,名曰梅糕,小孩最所爱吃,有时改用一碗糖醋拌藕片,夏至则一定用蒲丝饼,系以瓠子切丝瀹熟,和面粉做成圆片油煇,也是一样好吃的甜菜,虽然不及家庭自制的更是甜美。

吃忌日酒原是法定八人一桌,用的是八仙桌,四边各坐两个人,但是因为与祭的人数不齐,所以大抵也只是坐六人或七人而已。一桌照章是一壶酒,至多一斤吧,大家分喝只少不多,吃了各散,但在女桌便大为热闹了,她们难得聚会一处,喝了酒多少有醉意,谈话便愈多也愈响,又要等待同来的妈妈们吃饭,所以在大厅上男桌早已撤去之后,大堂前的女太太们总还是坐着高谈阔论哩。(《鲁迅的故家·百草园·忌日酒》)

这情景让周作人感到愉快,孩子们总是绕在母亲的膝头玩耍,妇女们一边聊天吃酒,一边偶尔转身照顾一下孩子的神态与情形,是乡土最和睦的风情画,令人终身难忘。那时候并不觉得妇女生活的枯燥与辛苦,平日是难得这般放松和清闲的,只有在传统的节日里,妇女的身影才更多地出现在人们的视线里,所以她们表现出的快活和多语是不由自主的、发自内心的,更是可以理解和接受的。小孩子和妇女在这一点上特别相似,他们可以暂时抛掉书房里的束缚和读书的压力,尽情地放纵自己。周作人对此有一番很生动的描绘与解说:

在旧时代里,上坟时节顶高兴的是女人,其次是小孩们。从前读书人家不准妇女外出,其唯一的机会是去上坟,固然是回娘家或拜忌日也可以出门,不过那只是走一趟路,不像上坟那样坐了山轿,到山林田野兜一个圈子,况且又正是三月初暖的天气,怎么不兴会飘举的呢? 小孩们本来就喜欢玩

耍,住在城市里的觉得乡下特别有趣,书房里关了两个月,盼望清明节的到来,其迫切之情是可以想象得来的。但他们的要求也只是游玩而已……(《鲁迅的故家·百草园·山头的花木》)

上坟的时候,周作人最喜欢做的是采摘原野上的花木,什么刺柏、杜鹃花、牛郎花,平地木更是他所喜爱的,"结子的平地木"虽是给父亲治病时的一味药,但它"叶如榛栗。子如天竹。鲜红可爱,至冬不雕"。还有杜鹃,漫山遍野,小孩几枝拿在手里玩弄,或者摘下花瓣咀嚼,那可是一种很可口的酸味啊。还有草紫,孩子们总是采其花朵做球,大红大紫,甚是可爱。

水乡的上坟,自然离不开驾船出游。这乐趣大概是最吸引人的。天气或晴好或下着霏霏细雨,在船舷边或乌篷下,看河边的绿树缓缓移动,鳞次栉比的屋舍渐渐远去,远处开阔的水面上吹起一缕缕清风,欸乃的橹声与水鸭的鸣叫让周边的一切显得如此寂静。孩子们嬉闹着,要去伸手撩动船帮外的流水,却被身边的大人拦腰护住。因为水路较远,来回总需要大半天,所以在船上饮茶吃饭是必须的,孩子们肚子一饿,便吵吵嚷嚷,抱怨吃饭的时间怎么这么晚……多么快乐啊,如果在十月间,乌石头的平地木那漂亮的子实正等着大家去采摘呢。周作人对于乘船上坟的事最是向往,落于纸上的文字仿佛还隐约跳动着欢快的音符:

上坟这事中国各处都有,但坐船去的地方大概不多,我们乡下可以算是这种特别地方之一。因为是坐船去,不管道路远近,大抵来回要花好大半天的工夫,于是必要在船上喝茶吃饭,这事情就麻烦起来了。据张宗子在《陶庵梦忆》卷一上所说,明末的情形是如此的:"越俗扫墓,二十年前,中人之家尚用平水屋帻船,男女分两截坐,不座船,不鼓吹。后渐华靡,虽监门小户男女必用两座船,必巾,必鼓吹,必欢呼畅饮,下午必就其路之所近游庵堂寺院及士大夫家花园,酒徒沽醉必岸帻嚣嚷,唱无字曲,或舟中攘臂与侪列厮打。"在二百多年后的清末,情形也差不多,据过去的记忆,庵堂寺院并不游玩了,但吃上坟酒时大抵找一宽适地方停泊,乌石头就在那山村河岸,龙君庄则到相距不远的百狮坟头去……调马场因路远,下山即开船,所以只能一面摇着船,一面吃着酒了。

　　船里叫号打架的事情从来没有,大家倒都是彬彬有礼的。大概是光绪丙申的春天,在拜坟岁的船中椒生发议各诵唐人诗句中有花字的,那时在三味书屋读书,先生每晚给讲《古唐诗合解》,所以记得不少,陆续背出了许多。三月乌石头扫墓,日记上记有仲翔口占一绝云:"数声箫鼓夕阳斜,记取轻舟泛若耶,双桨点波春水皱,清风送棹好归家。"……又有一会不记何年,中房芹侯在往调马场舟中,为鲁迅篆刻一印,文曰"只有梅花是知己"……这印是朱文的,此外还有还有一块白石方印,也是他所刻,文曰"绿杉野屋",似乎刻的不差,这两颗印至今还保存着,足以作为这位多才多艺而不幸的廿八叔祖的纪念。(《鲁迅的故家·百草园·上坟船里》)

　　往事历历在目,借助日记的提醒,许多细节穿过时空的迷障,再一次跃入眼帘。岁月的浮尘竟是那么容易被轻轻掸去,消失的影像、声音又露出了光洁的质感。周作人迷恋这种感觉,他深深地陶醉其中了。上坟船中背诗的雅事也许只有大家子弟才会做的,那兴致也是既无衣食之忧,亦无前途之虞

的诗书礼仪之家才能孕育出的。多么美妙闲散的时光！对人生而言,也许它本就属于童年,即使殷实的家境可以持续,童年和少年那些美妙的时光又岂能再来呢？单纯的快乐,快乐的单纯,竟是最最不可多得事情,无论怎么挽留,它必是随着时光的流逝而流失的,倘若心中有了挽留不住的怅惘,则证明人生最美的光阴便已然过去了。此刻,他想起了三味书屋,想起了新台门的喧嚣与寂静,想起了除夕接神、元旦送神、新正五天布施的祝福旧仪,想起了大年夜"分岁"时芳香四溢的年糕和粽子,想起了百草园漫长的夏日时光,还有父亲的慈爱，母亲的呵护⋯⋯他觉得乌篷船满载的已不是绍兴旧时的风光,而是自己无限的眷恋和惆怅。

还有年底的祝福仪式,鲁迅在小说《祝福》中也曾经描绘过的,然而在周作人眼里,台门之内的周家,年节的气象充分蕴藏在这热闹的祝福之中,到处是喜庆的色彩,却没有祥林嫂命运比照下的人间凄凉和残酷。与鲁迅不同,对于幼年的场景,周作人看到的更多是人间的温暖和亮色:

乡下年底祝福的仪式,据个人的记忆,大致如下。在规定祝福的头一天,伐取新竹叶,缚在长杆上,掸扫厅堂,再用水冲洗地面,这些当然是叫雇工所做的。到傍晚时,将八仙方桌两张接长了,放在靠近檐口的地方,一方面去准备福礼。这就是三牲,大抵是鸡鹅各一,都是预先栈养得极大的,猪肉长方一块,系腰背连肚腹部分,俗称"元宝肉",先期宰杀洗净,至时放入淘锅去煮,至半夜可熟为度。这些都装在红漆大桶盘内,上插许多筷子,是祀神用的一定的格式。此外又有活鲤鱼一条,买来养在水缸内,祭时拿去挂在八仙桌右边横档上,事毕仍放在水里,过几天拿到城外河中放生。这恐怕是读书人家的风俗,他们平常忌吃鲤鱼,因为它是要跳龙门的,是科举的一种迷信,所以可能是后起的事。照例杀生祀神时,有一碗血略加水打匀,蒸熟后附带作供,这里恐怕也是如此,豆腐一盘,盐一盘,厨刀一把,也是祀神必备的供具。此外别无食物,虽然新年接神的时候例供果盘,以及乡下特有的年糕、粽子。说是祭百神,到底不知道有多少位,那些乱戳在三牲上的筷子,大概让他们随便使用(刀自然是割肉用的),祭桌的排列次序是:桌帏和香炉烛台五事在向门口的一端,其次是三牲供品,茶酒,最末后是神马,是一张元书纸上印成的神像,用两支竹签插在一块"烧纸"上的。神位之后便是拜位,行礼的时间大概在那一天的半夜里,算的是第二天的日期,时刻则是子时吧。拜毕焚化给神们的纸元宝一挂,加上烧纸,连神马一起烧掉,随即大放其爆仗,普通多是鞭炮,即霸王鞭,一串一千枚,双响爆仗十个。……(《鲁迅小说里的人物·彷徨衍义·二 祝福的仪式》)

周作人记录的许多场面是他当年亲历或亲见过的,今天我们看这些记录,实在难以想见当时的情景,尤其对于其中的礼数更觉陌生。记得小时候,大概是上个世纪七十年代,也曾经在农村经历过除夕"请家神"、清明拜祖坟的经历,但所有的仪式都被大大简化了,只留了一点旧时的模样,算是传统的遗风吧。关于上坟的事,我还记得一点,总是女人们提了油漆的食盒,盛上几碟菜和几样点心,到前辈的荒坟前祭拜,一边还念念有词。我那时是站在一边,等待仪式完了,便迫不及待地去伸手拿食盒里的东西吃。那样的情形后来也没有了,坟头都被平掉了,扫墓需凭着记忆,用脚步丈量到差不多的位置,然后取出些瓜果点心放在那里,念叨一番后慢慢离开。食盒更是消失无踪,孩子们

也因此很少参加了。但尊祖祭祖的习俗却是化入了民间意识的深处,并没有完全消失殆尽,虽然早已没有了周作人那个时代的繁缛与典雅。

现在想来,那些东西也许在沦为形式之后已经失去了敬天畏神、尊崇祖先的原初含义,该被视为腐朽而抛弃掉的。但抛开三纲五常、三从四德这些封建的糟粕,其中或存的家庭伦理、价值观念、和谐秩序,也未必没有可供传承的合理依据。在今天,文化的多元已经提供给了我们反思中国传统文化的更大平台,曾一度被扬弃的东西,很多已经日益显示出它的合理性,这是今后几代人需要反思和重新认定的任务——因为传统中包含了一个民族文化的根本。失去了文化之根,一切个人的行为就变成了无源之水、无本之木。一个民族归根结底要依附于它的民族精神、民族文化而存在,否则便无所附丽,失去了定位和价值。当然,文化绝不止浮于表面的形式,而是民族生存几千年所积蓄的精神内力,它支撑着一个民族的繁衍和生息,同样也一如既往地支撑着这个民族在世界大家庭里获得身份的确认,并在不断的彼此融入中变得日益强大。文化真正意义上的复兴曾是一代一代知识分子的理想。因此,从这个意义上讲,目前许多将民族文化庸俗化、市场化的肤浅做法尤其值得警惕,文化的传承如果不是作为活的因素生长在人民大众的具体生活中而被某些商业目的所左右,那只能是一种堕落或悲哀。当一种文化已经被认为需要保护的时候,那么,它其实已经濒危了。在周作人的时代,绍兴戏、目连戏和迎神赛会是一种普遍的民间娱乐形式,像空气一样流动于于人们生活的每一个间隙。如今,恐怕它们也只有被呼吁加以保护的份儿了。还有他写到的那些风俗民情,大概也早已被扫进"历史的垃圾堆"。我们失去了许多文化的滋养,被强大的市场经济浪潮携裹着飞速向前行进,失去了从容淡定的生活节奏,失去了品味、享受、思索生活的能力,同时,更可怕的是,我们在这个"阳亢"的时代,还很可能慢慢失去爱的能力,失去幸福感,不再拥有真正的宽容、理解和感动。

所以,再品读一下周作人的文字,尤其是童年故土风俗的记录,也许我们也会生出几分眷恋之情,这是对童年、幸福和简单的快乐的眷恋,许多习俗的旧影便附着在那些儿时的快乐之中,不会因时间的流逝而褪色。

民间的风俗是永恒的, 它定格在每个心灵记忆的最深处, 它会时时浮现, 在疲惫的时刻, 温暖着我们;它会如影随形, 陪伴着我们, 无论我们走向何时, 又走向何地。

台门之外，那"十字街头"的 风俗画卷

走出去，或许就是一生。

尽管在台门之外徘徊了多年，然而，那里始终都 是一个向外的窗口，迟早有一天，只能留下远远的回 忆，但如果拿起聚焦的镜头，在一片开始的模糊之 后，许多场景会渐渐变得越来越清晰。这是岁月的魅 力，并不像诗人所说的，生命的东西，往往边走边丢 失。

三进格局的新台门还是那么"阔气"吗？蓝底匾额 上的那两个金字依旧那样威严、庄重吗？"翰林"，像两 个斑驳的休止符，无声无息地诉说着一段终止了的繁华，那引以为豪的荣耀被时代的凄风苦雨慢慢剥蚀，如果它还存在，大抵早已经委弃于泥土，等待光阴的消融；抑或早已灰飞烟灭，留在心中的只是一丝徒然的侥幸和牵念，甚或一丝怕让人窥见的多情……还有，还有"德寿堂"三个字，那两旁的柱子上写着的对联："品节详明，德性坚定。事理通达，心气和平。"——远远的，仿佛还在努力揣定着什么，可是，迈出那一步，谁还会回头仔细揣摩其中的含义呢？那是迟早的，最后一次走出去，便永不再回头。

那水乡的边缘之外，便是"外面的世界"。联结外面的世界的正是时常盘桓于脑海的十字街头。家乡父老生存的舞台，也是众生世相的杂陈之属。它磨洗着一双少年的目光，使他洞彻了那斑驳陆离的每一寸细节，使他的心灵慢慢飞升跳跃，向往着更远、更深邃的存在。

我不知道周作人的一生中有多少次回忆起了童年、少年时代的绍兴，在他暮年的追忆中，他似乎试图复原那些曾经存在过的人物和场景，他极力掩饰着情感的波动，像一个老僧一样心如止水，一笔一笔地描画着，面色坦然，从容淡定。但墨色的浓淡却依然看得出，那较为湿润浓郁的一段便是十字街头——他脱离懵懂、识见日日清明的人生的开始之处。

……十字街头。充满了踟蹰彷徨、不知何往，而又流连低回、依依不舍的情味。黑白分明的泥墙屋瓦间，氤氲着水乡寂寞且感伤的气息。水的灵秀在石板路和拱桥间潺湲不息，滋润着绍兴的旧城池，也滋润着周作人的文字。倘不是少小离家，有着在北方生活了多年的经历，散淡平实中多少拧去了南国的水分，我相信周作人的字里行间或许会多些水光潋滟的秀美，多些小巧玲珑的聪敏，甚至会律动着些情感的细腻与娇弱，夹带着些挥之难去的婉约

与哀伤，或与郁达夫的才子气有些近似吧。然而却不。我读过许多算是他晚辈的作家如孙犁、汪曾祺的文章，他们虽都追求平实质朴的文风，但生长在南方水乡高邮的汪曾祺却总能让人感到他文字中漫漶的水气，似比孙犁的文字多了些灵秀，但也少了些大气。晚年的孙犁，经历了"文革"的离乱，文风渐趋枯淡、瘦硬，似由于无奈才看破了世事的老人，缺少灵动的生机了，但也出了另一种看山是山、看水是水的境界，然而却不再给人以希冀，心头似总有一块大石头压着。而周作人的文章却仿佛是自然天成般的老道，是信手撩动的水波，总能画出完美的扩散着的涟漪。文字，在他手中是可以随意布排的棋子，他无须追求文风的特别，只在简简单单的叙述和白描中，就完成了一切。恰如苏轼所谓"渐老渐熟，乃造平淡"。在他的白水般"无味"的文字中，我们似乎看不到惝恍迷离的所谓"文学"，却能品出人生的"至味"，感受到一位真正的散文大家的学养、气质与风度，以及他性格的平和冲淡与文字高度的和谐统一。

《鲁迅的故家》这本书，文章皆精短，似乎是老人的谈天，随意开始，随意结束，因而并不思虑结构如何，布局章法，造句遣词，等等。一切均自由写去，若风行水上，自然成文，且笔锋开放，互有联络和沟通。这样，也就可以让读者随意翻看，随意放下，既不觉得小说般引人入胜，也不觉得说明文般枯燥直白，却如线条疏朗的水墨画令人玩味，想象，回味隽永；看似平淡，实则意味深长。这大抵便是周作人所谓"小品文"的妙处吧。读着这些文章，你感觉他仿佛是取用了中国画的散点透视法，若《清明上河图》，随意一段都有别致疏朗的风景。

一个夏日闷热的雨天，我读汪曾祺的一本书，他提到葛立方《韵语阳秋》里的几句话："大抵欲造平淡,当自绚丽中来,然后可造平淡之境。落其华芬,然后可造平淡之境。"我想,周作人"平淡之境"的来路大概是他生命中曾有过的"绚丽"吧,他把它沉入到心湖的深处去了。那里,也定然会有当年绍兴"十字街头"的世相风情,浓得化不开的斑驳颜色,就像我在这闷热的雨天从他的书页上挪开视线,越过一片苍茫,想象葱郁的江南水乡一样。

一

……那时东昌坊口是一条冷落的街,可是酒店却有两家,都是座南朝北,西口一家曰德兴,东口的即咸亨,是鲁迅的远房本家所开设,才有两三年就关门了。这本是东西街,其名称却起因于西端的十字路口,由那里往南是都亭桥,往北是塔子桥,往西是秋官第,往东则仍称东昌坊口,大概以张马桥为界,与覆盆桥相连接。德兴坐落在十字路的东南角,东北角为水果莲生的店铺,西边路北是麻花摊,路南为泰山堂药店,店主申屠泉以看风水起家,绰号"矮癞胡"更为出名。路南德兴酒店之东有高全盛油烛店,申屠泉住宅,再隔几家是小船埠头,傅澄记米店,间壁即是咸亨,再过去是屠姓柴铺和一家锡箔铺,往南拐便是张马桥了。路北与水果铺隔着两三家有卖扎肉腌鸭子的没有店号的铺子,养荣堂药店,小船埠头的对过是梁姓大台门,其东为张永兴棺材店,鲁迅的故家,朱滋仁家,到了这里就算完了,下去是别一条街了……(《鲁迅的故家·园的内外·孔乙己时代》)

我很惊奇人的记忆对故乡旧貌的复原能力。想象着当年的周作人在这

条街上东瞧西看的模样，他是在奔跑，抑或散漫地踱步，还是要不时地停下来，满眼好奇地向店铺的门里张望？十字街头附近的布局永远印在了他的脑海里，每在纸张上落下一个和它有关的字，那幅不变的画面便要一次次生动地展开。在多篇文章中，周作人都对东昌坊留下过相似的笔墨，足见他对其印象之深。半个多世纪过去了，一切还是历历在目，对于周作人而言，如此清晰的记忆，可谓十分难得。他也许认为，故土难别，是因为它会突如其来地出现在你的梦中，而并不理睬你身在何处。有些记忆，是越老越清晰，跟前的事或许记不起来，但久远的事却似乎就在近前，看得了然分明，看得泪水婆娑。

这是老了。

眼睛昏花了，居然具备了穿透时空的本领，喜耶忧耶？

有多少年没返回故土了？谁也不知道，老年的周作人似乎从有没有盘算过这个问题，对于四处漂泊、老来也无法叶落归根的人来说，盘算这样的问题还有意义么？也许，在他跨出大台门，走向十字街头的时候，离别的命运便已经注定——是的，跨出去，就是一生。

长庆寺那为人做水路道场，以替人"解冤节"而收取几十文外块的小和尚还在吗？屠家小店那些横放在檐下的铺板是否已经腐朽……纠缠在这些突如其来的琐屑问题里，使他对追忆童年充满了兴趣，那真是在世间绕了一周、又回到了原地的难以言表的亲切，只是它发生在另一个时空，一次次提笔之前的时刻。回头看看，居然没有感伤和凄苦，没有割舍不断的思念，没有魂归故里的奢望。一切都那么淡然、平和，可是却如温水一样解渴，如苦茶一样融化着心头的燥热。

"日暮乡关何处是，烟波江上使人愁。"虽然很多年后，他写过一篇文章，对自己心中故乡的概念曾做过如下的阐释：

　　我的故乡不止一个，凡我住过的地方都是故乡。故乡对于我并没有什么特别的情分，只因钓于斯游于斯的关系，朝夕会面，遂成相识，正如乡村里的邻舍一样，虽然不是亲属，别后有时也要想念到他。我在浙东住过十几年，南京东京都住过六年，这都是我的故乡；现在住在北京，于是北京就成了我的家乡了。（《雨天的书·故乡的野菜》）

　　话由周作人的个性出焉，虽说得漂亮，但未必就完全的真实。不过，这般思想也许源于少年漂泊、四海为家的壮志或无奈，也许是得了佛家有缘则聚、无缘则散之观念的影响，但很难说绍兴十几年的生活会与其它地方的等同，"钓于斯游于斯"的血脉之情毕竟最难割断。也许绍兴的童年、少年时代还算不上人生的真正开始吧，也许故家的破落总在心头留下了挥之不去的阴影。但那不是对故乡"没有什么特别的情分"的理由，他不也像乃兄鲁迅一样，对于故家的记忆"偏不能全忘却"吗，而他那些不能全忘的事，不也成了他许多文章的由来吗？况且，最重要的是，他早年的记忆要比鲁迅的美好、快乐得多。比如，十字街头的经历，所见所闻曾经是那么丰富、有趣，又大多是与己无关的"别样的人生"，快乐也好，悲凉也罢，总没有十分的切肤之痛；加之在一个孩子单纯的眼里，万物新奇而陌生，活脱脱的民间生活，与台门内的迥然不同，在那里，天地似乎更开阔，世界似乎更庞杂……

　　周作人其实非常向往天真、美好的儿童时代，他甚至还写过许多诗歌予

以赞美,加以怀念。可是,十字街头的美妙时光,是再也难以找回了,它只在记忆力里缓缓脉动,如影随形地与衰老纠结在一起,令人难以释怀——向前探视,是渐次清晰的街衢水道;回过头去,则是无可奈何的逝水茫茫,究竟哪一个是真实的,曾经真真切切属于过自己的生命的?这般诘问,恐怕是每一个人都曾经有过的吧。

十字街头啊,永远不变旧时的模样,却每天迎来不同的感觉。这样的路上曾经行走过多少人?想一想都会产生荒诞的念头。一代一代人就从这石板路上行走,生活,繁衍,然后,衰老,死亡,消失,他们传递着喧嚷的市声,也传递着无人知晓的喜怒哀乐。

二

十几户人家依次排开的格局,大概是任何街道都有的样子。人来人往间,消磨的是同样庸常的人间时光,上演的是同样凡众的悲欢离合。阳光在无雨的日子里总是按照一个顺序将寂静的小城抚摸一遍。

这"天下绍兴街"的历史,还是后来周作人在读《宝庆会稽续志》《乾隆绍兴府志》这类书时了解的,脚下这石板路居然在宋嘉定年间就整理得颇好了,一直保存到今天。七八百年过去,除了行人脚板磨出的光滑,便是岁月沉积在上面的一道道刻痕,还有水气漫渍的痕迹,因阳光的暴晒而两端上翘的沿角。这些都是对于故乡最亲切的印象,因为那是"自己最为熟悉、也最有兴趣的"。即是离开家乡近三十年后,他对沿河用石板铺成的街衢仍旧念念不忘,他甚至很担心那些石板会变成"粗恶的马路"。在他的印象里,石板路的

好处只有在下雨天才体会得出来:

> ……在到处有河流,满街是石板路的地方,雨是不觉得讨厌的,那里即使会涨大水,成水灾,也总不至于使人有苦雨之感。我的故乡在浙东的绍兴,便是这样的一个好例。在城里,每条路差不多有一条小河平行着,其结果是街道上桥很多,交通利用大小船只,民间饮食洗濯依赖河水,大家才有自用井,蓄雨水为饮料。河岸大抵高出四五尺,下雨虽多尽可容纳,只有上游发水,而闸门淤塞,下流不通,成为水灾,但也是田野乡村多受其害,城里河水是不至于上岸的。因此住在城里的人遇见长雨,也总不必担心水会灌进屋子里来,因为雨水都流入河里,河固然不会得满,而水能一直流去,不至于停住在院子或街上者,则又全是石板路的关系。我们不曾听说有下水沟渠的名称,但是石板路的构造彷佛是包含有下水计画在内的,大概石板底下都用石条架着,无论多少雨水全由石缝流下,一总到河里去。人家里边的通路以及院子即所谓明堂也无不是石板,室内才用大方砖砌地,俗名曰地平。在老家里有一个长方的院子,承受南北两面楼房的雨水,即使下到四十八小时以上,也不见他停留一寸半寸的水,现在想起来觉得很是特别。秋季长雨的时候,睡在一间小楼上或是书房内,整夜的听雨声不绝,固然是一种喧嚣,却也可以说是一种萧寂,或者感觉好玩也无不可,总之不会得使人忧虑的。(《立春以前·雨的感想》)

在我的印象中,江南一带总是和雨有关,梅雨时节的霏霏细雨总将景色涂抹得朦朦胧胧,使天地之间流动着许多诗意。杨柳尽出,水天相接,那是陆

游当年听闻杏花叫卖声的深巷小楼上可以看到的景色么？不，初春的明媚里没有细雨飘飞，窗外也听不到雨打石板路那密密麻麻、忽近忽远的乐音，那时，自可以跑出去到处游荡。只有到了秋天，绵绵的雨期降临，小巷里往来的繁忙突然少了，除了雨音不绝，人间变得一派静寂。此刻，躲在屋内的窗边，或躺在床上，不去想任何事，而只是仔细听取那雨脚自在的行止，可谓人生最清闲的时刻。周作人喜爱听雨，其中一个原因大概是家乡雨多的缘故，虽然雨多，但石板路带来的好处，使雨从不为害于居民，而成了一个让人觉得安适的、诗意的存在。

随处可见的石板是那么普通的用物，却是最踏实的生存象征，它从每家每户的门前铺过，承载着生命的忙碌、繁衍与生息，承载着时光的开始与流逝，也承载着人间的喜剧与悲剧。石板路上的尘世生活曾经热烈地包围过周作人的身心，使他"吸尽了街头的空气"，在幼年和少年的心灵中种下了向往民间生活的种子，也确立了他未来的思想路径。是的，躲在屋内听雨的日子总是少的，更多是踏在是半路上行走的生命，是石板路上承载的生活。周作人对故乡的石板路充满感情，因为它是一种奇异的介质，一旦想到它，台门外、十字街头的生活气味就会扑面而来。

石板路迤逦而去，伴着潺湲流动的河水。弯曲的水面上还有石桥，连接起这一片和那一片的房舍、街道。石桥大概与石板路一样的古老，与石板路一样的承载着岁月的风吹雨打。一座座石桥就像连接着石板路的关节，跨过道道逝水，沟通起四通八达又曲折隐秘的小巷。它们静静地守望着，看乌篷船在下面驶过，看白亮的河水渐渐融化了夕阳的余晖，听日复一日的市声喧闹，听月白风清的晚上蛙鸣伴着的浣衣之声。终于，那故乡的石桥也独立成了一处处最美的风景，在古老民居和粼粼水波的斑斓里，化成了画家眼中的美，也化成作家笔下的爱：

与石板路有关联的还有那石桥。这在江南是山水风景中的一个重要分子，在画面上可以时常见到。绍兴城里的西边自北海桥以次，有好些大的圆洞桥，可以入画，老屋在东郭门内，近处便很缺少了，如张马桥、都亭桥、大云桥、塔子桥、马梧桥等，差不多都只有两三级，有的还与路相平，底下只可通小船而已。禹迹寺前的春波桥是个例外，这是小圆洞桥，但其下可以通行任何乌篷船，石板也当有七八级了。虽然凡桥虽低而两栏不是墙壁者，照例总有天灯用以照路，不过我所明了记得的却又只是春波桥，大约因为桥较大，天灯亦较高的缘故吧。

……其实就是在那时候，天灯的用处大半也只是一种装点，夜间走路的人除了夜行人外，总须得自携灯笼，单靠天灯是绝不够的。拿了"便行"灯笼走着，忽见前面低空有一点微光，预告这里有一座石桥了，这当然也是有益的，同时也是有趣味的事。(《过去的工作·石板路》)

周作人总是对"有趣味的事"情有独钟，无论是听雨，还是看桥。从石板路走上石桥，那里也许是一个安静的去处，几乎没有人停留，只偶有几个卖水果和杂食的小贩停下来闲聊或者四下张望。在桥上，他可以呆呆地站上很久，回想刚刚听过的盲女的"花调"，或是决定是否走下去，找寻前天就勾起了馋虫的糖果。石桥，是坚硬的石头与温柔的河水的交汇点，是终点，又是起点。

三

夏天的蝉声四起，自最热的时节往后，也是石板路上最"繁华"热闹的日子。

周作人记忆最为深刻的首先是"十字街头"及周边地区的"物质生活"。

德兴酒店，咸亨酒店，路边的水果摊，在湿润的空气中飘荡的惹人垂涎的香味儿……

人老了，很多事情健忘了，但与口腹之欲有关的，却几乎全部记得，这可真符合人性。不过，故乡的食物总是味道最好、最合胃口的，这可是所有人都有的经验，没有谁肯站出来予以否认，不管他的家乡是江南还是江北，是山东还是山西。比如，故乡绍兴石板路上的水果摊子，之所以仍能清晰地复现在眼前，还不是因为当年嘴馋眼馋的缘故？周作人记得，那时候，在街巷里到处乱跑，凡见到好吃的东西，便要先凑上前去观看一番，当时只觉得唾液往肚子里咽，并未着意要记住身边买卖的热闹，可是多少年后，嘴馋的情状没有了，买卖双方的言语动作倒似乎电影般的在眼前放映着：

"……记得最明白的却是那些水果摊子，满台摆满了秋白梨和苹果，一堆一角小洋，商人大张着咀在那里嚷着叫卖。"

"……卖秋白梨的大汉叫卖一两声，频高呼曰，来驮哉，来驮哉，其声甚急迫。这三个字本来也可以解为请来拿吧，但从急迫的声调上推测过去，则更像是警戒或告急之词，所以显得他很是特别。他的推销法亦甚积极，如有长衫而不似寒酸或吝刻的客近前,便云:拿几堆去吧。不待客人说出数目,已将台上两个一堆或三个一堆的梨头用右手搅乱归并，左手即抓起竹丝所编三文一只的苗篮来,否则亦必取大荷叶卷成漏斗状,一堆两堆的尽往里装下去。客人连忙阻止,并说出需要的堆数,早已来不及,普通的顾客大抵不好固执,一定要他从荷叶包里拿出来再摆好在台上,所以只阻止他不再加入,原要两堆如今已是四堆,也就多花两个角子算了。"(《过去的工作·石板路》)

　　这种"捉卖情销"的手段和场面多么生动有趣! 见多识广的水果摊主简直就是心理学家,能看出各色人等的身份并把握他们的心理活动,在干净利索的几个动作间就多卖出了几个水果，自然也多得了买主其实并不在意的几个小钱,这也是生活磨砺出的智慧吧。这样的场景使周作人悟到了更多普通人的生活是什么样子，多少了解了他们的辛苦和他们并不以为辛苦的自然的人生态度。

　　还有些热闹的去处,也是他最愿意光临的,比如德兴酒店和相隔几步远的咸亨酒店。从家里走出来到东昌坊口,跨过一块块高高低低的石板,还要小心不要踏进石板坑洼里刚刚积起的雨水,当看到临街的一间门面,屋门口有曲尺形的柜台的,就到了。这柜台,鲁迅写过的,不过,周作人还发现了它的另一个"功能",就是小伙计在提酒的时候往里掺水,可以作为"掩体",动作麻利得一般人看不出来。看看墙根那些蓝布包砂土为盖、贴着玫瑰烧和五加皮等字的酒瓶,人们还以为那"杯中物"是货真价实的呢。不过要是孔乙己喝了掺水的酒,大概是要发脾气的。

　　咸亨酒店因为鲁迅的小说《孔乙己》而名扬天下,所以一想到它,周作人

就似乎能看到孔乙己的影子在眼前晃荡。孔乙己是确有其人的，别人称其为"孟夫子"。他大概是因为离东昌坊这条街住得较近，所以经常来到这街上，踱着方步慢慢走进咸亨酒店吃酒。但他究竟住在什么地方，谁也不知道，也没人去关心。这样的老夫子与引车卖浆之徒本来话就不多。

街上平时虽然有几分冷落，却有两家酒店，也是很不寻常的一点。于是，这里则成了上演许多人生悲喜剧的更为集中的场所，小城里的许多事情便是从这里传播开去的。鲁迅善于写酒馆，大抵"茶余饭后的谈资"总与人们聚集的酒馆有些天然的联系。也难怪后来有的人讽刺鲁迅说："常从昏暗的酒家的楼头醉眼陶然地眺望窗外的人生。"这个描写倒也颇有几分诗意，不过却把鲁迅写得有点太阴暗了。

咸亨酒店给人的印象似乎并不是昏暗的，倒是充满了热闹的生活气氛。咸亨酒店是周作人一位远房的本家，也就是"十八叔祖庆爷爷"椒生的二儿子、秀才仲翔开的，所以，鲁迅和周作人都较为熟悉，恐怕当年也是经常出出入入的。鲁迅虽未做过那里的伙计，但是"小说家言"，无非是"虚构的真实"，孟夫子也未必就和孔乙己有完全一致的经历，但孔乙己的一生却涵盖了许多孟夫子的悲剧。鲁迅能因为咸亨酒店和孟夫子而做了一篇不朽的《孔乙己》，也很是令人佩服了，在写小说上，周作人总说自己是"自愧弗如"的。他喜爱生活得本来面目，这使他能够更详细地还原鲁迅小说中的许多真实的场景和人物。

鲁迅写的咸亨酒店自然勾起了周作人对绍兴早年的酒店印象，他见识过自家与德兴酒店的"经济来往"，自己也是长跑了去玩耍的，所以对这家酒店更为熟悉，"记忆也最为深远"，他写道：

……我从小时候就记得我家与德兴做账，每逢忌日祭祀，常看见用人拿了经摺子和酒壶去取掺水的酒来，随后到了年节再酌量付还。我还记得有一回，大概是七八岁的时候，独自一人走到德兴去，在后边雅座里找着先君正和一位远房堂伯在喝老酒。他们称赞我能干，分下酒的鸡肫豆给我吃，那时的长方板桌与长凳，高脚的浅酒碗，装下酒盐豆等的黄沙粗碟，我都记的很清楚，虽然这些东西一时别无变化，后来也仍时常看见。连带的使我不能忘记的是酒店所有的各种过酒胚，下酒的小吃，固然这不一定是德兴所做的最好，不过那里自然具备，我们的经验也是从那里得来的。鸡肫豆与茴香豆都是其中重要的一种。七年前在《记盐豆》的小文中曾说：

"小时候在故乡酒店常以一文钱买一包鸡肫豆，用细草纸包作纤足状，内有豆可二三十粒，乃是黄豆盐煮漉干，软硬得中，自由风味。"为什么叫做鸡肫的呢？其理由不明了，大约为的是嚼着有点软带硬，仿佛像鸡肫似的吧。茴香豆是用蚕豆，越中称作罗汉豆所制，只是干煮加香料，大茴香或是桂皮，也是一文钱起码……此外现成的炒洋花生、豆腐干、咸豆豉等大略具备，但是说也奇怪，这里没有荤腥味，连皮蛋也没有，不要说鱼干鸟肉了。本来这是卖酒附带喝酒，与饭馆不同，是很平民的所在，并不预备阔客的降临，所以只有简单的食品，和朴陋的设备正相称……（《过去的工作·东昌坊故事》）

吃的东西里面还有用陶钵盛着的水煮长油条豆腐，用盐腌和红霉豆腐卤渍过的带皮时萝卜，自家是做不出这种味道来的，故在周作人看来，这些东西足以说明"酒人之真能知味也"。为什么周作人对德兴和咸亨酒店好吃的东西记得如此之深？是因为这些零食一部分供给酒客之外，"一部分还是

小孩们光顾买去",自然是为了解馋,而孩子们是需要经常解馋的。于是,这些并不高贵的东西却和最为幸福的童年联系在了一起,使一种最简单的香味儿一生都不曾散去。酒店里的吃物多次被大致相似地写进不同的文章里,我们在周作人的反复絮叨中一次次聆听着他对童年的怀念,和他一起反复品味德兴和咸亨酒店的味道,而且,不烦。

十字路口东北角的水果摊,也是很吸引人,且有故事的。周作人只要写到东昌坊,总愿意把水果莲生的事儿唠叨一遍。这家水果店没有什么招牌字号,平时主妇看门,水果莲生便挑了一担子水果沿街叫卖,还按时上老主顾家门口去销售,水果大都是杨梅或桃子一类,还有甘蔗和荸荠,以及初夏的樱桃。那担子据周作人讲大概也得百十来斤重,挑起来很费力气,一些主顾看见莲生挑了这么重的担子在门口等着,往往要出门买上一些,总不大好意思让他原样挑回去。孩子们最喜欢的是樱桃,只要看见,便要缠着大人一堆一堆地买回去,虽然那樱桃很小,往往也并不红。也有这样的情况:碰到临时要买点水果拿回家的时候,人们为了不跑远路就只好到莲生那里买,价格自然就贵一些。有一天,周作人遇到南街的一个小"破脚骨"(小流氓),他一边啃着个桃子,一边跟他说,水果莲生卖的东西都是仙丹啊,贵得出奇,只有华佗才卖仙丹,所以,以后我们就唤他"华佗"吧——你信吗,我可是姜太公的后代!(就是这位姜太公的后代,在宣统元年的 1909 年拐走了祖父的潘姨太,这件事记在《知堂回想录上·二四 几乎成为小流氓》一文中)但大家并不很厌恶莲生卖的水果贵,最恨的是他的太太,出手更紧、更抠门儿。话虽这么说,但他家店里的甘蔗、荸荠销路就是好。到了晚年,周作人回忆小时候这段经历时,仍旧十分地陶醉:"我至今不稀罕苹果与梨,但对于小时候所吃的粗水果,还觉得有点留恋。顶上不了台盘的黄菱肉,大抵只有起码的水果店里才有,我却最感觉有味,因为那是代表土产品的……所谓土膏露气尚未全失,比起远路来的异果自有另外一种好处。"(《知堂集外文·亦报随笔·556,甘蔗荸荠》,转引自钱理群《周作人传》P17)

　　说起没有招牌的店,都亭桥下也有一家,也是卖吃的,不过卖的是荤粥,后来改卖混沌和面,也许更合了大家的胃口,小店也更繁忙起来。这家主人姓张,曾租住过周作人家西边的空房子,所以与周家的人很熟。那时候他就开了一家棺材店,墙上还写着"张永兴"字号、"龙游寿枋"等语。当时曾祖母还活着,她那样严厉的人居然对此没有过忌讳,令周作人感到奇怪,也感到佩服。姓张的棺材店老板一边做着寿材生意,一边还在家煮着荤粥出售,这的确很有意思,仿佛是一边照顾着死人,一边还为活人打着牙祭。大概这也让周作人感觉到了一丝生活的幽默吧,不过,那荤粥的确是好吃,而且价廉物美。做法是:将买来的猪骨头来煮粥,吃的时候加上葱花、小虾米和酱油,每碗只卖几文钱。这也是平民的吃物,绅士老爷们是不会光顾的。周作人、鲁迅他们经常和那位姓姜的伙伴去吃,有一回吃了大半了,姓姜的朋友忽然正色道:"你们这里边下没下毒药?"张老板的儿媳妇听了一愣,居然说不出话。这时,这位老弟才慢悠悠地说:"我怕你们兜揽那面的生意呢。"真是让人哭笑不得。周作人记录这件事的时候,时间已经过去四十多年,那时日本人快投降了,有一天,他接到长女乳母的诉苦信,说米价每升涨到了三四千元。在兵荒马乱的年月,人们吃饭都有了困难,自然会勾起他对早年故乡美食的怀念,使他始料未及的是,荤粥这种简朴的食物竟然在四十多年后成了奢侈品,而且,大概是早已经没有了。

还有一种食物,也是很能吸引走在街上的周作人的目光的,那即是水果摊边的麻花摊。卖麻花的没有店面,只用两条高凳子架上木板,在上面和面、搓条,旁边支着一个炉子,既能烙烧饼,还能炸麻花。摊主手持一根小木棍,擀面的空挡不时敲击一下木板,滴答有声,这是提醒过路人正有刚出锅的热麻花可吃,也算是一个特色了。麻花这东西南北都有,而以天津的最为著名,所以并不能引起更多的乡思,但绍兴那里的炸麻花却和"油炸鬼"或"油炸桧"的传说联系在一起,是几个老太太给孩子讲岳武穆(岳飞)时说的,人们因为痛恨秦桧陷害忠良而发明了这个东西。看来奸臣被炸了,吃起来味道也蛮不错。说到麻花,周作人就会想起桐少爷,他也曾卖过麻花的,因为他先前打工的泰山堂主人申屠泉在一次午饭时被门外抛来的一块砖打中脑袋死去了,于是便失了业,族人看其可怜,凑了钱给他置办了卖麻花的营生。但桐生后来把卖麻花烧饼的家什都拿去换酒了,别人也就不再管他了。他其实是替人卖麻花,做的并不是自己的生意。周作人当年也许还吃过呢。

说起油炸的东西,周作人还回想起昌安门外三脚桥附近的周德和豆腐店,他家制的茶干最有名,而卖的豆腐虽贵,但黝黑坚实,像紫檀片一般。因为自家离那里较远,不大容易买到,但可以吃到油炸的。多年以后,那些挑担卖炸豆腐的叫卖声他还能真真地记起来:"辣酱辣,麻油炸,红酱搭,辣酱拓:周德和格五香油炸豆腐干。"想起那叫卖声,油炸豆腐干的香味便在面前缭绕。

还有,屠家小店的"夜糖",更是孩子们最喜爱的吃食。在《药味集·卖糖》一文中,周作人写道:

……绍兴如无夜糖，不知小人们当更如何寂寞，盖此与炙糕二者实是儿童的恩物，无论野孩子与大家子弟都是不可缺少者也。夜糖的名义不可解，其实只是圆形的硬糖，平常亦称圆眼糖，因形似龙眼故，亦有尖角者，则称粽子糖，共有红白黄三色，每粒价一钱，若至大路口糖色店去买，每十粒只七八文即可……梨膏糖每块须四文，寻常小孩多不敢问津，此外还有一钱可买者有茄脯与梅饼。以沙塘煮茄子，略晾干，原以斤两计，卖糖人切为适当的长条，而不能无大小，小儿多较量择取之，是为茄脯。梅饼者，黄梅与甘草同煮，连核捣烂，范为饼如新铸一分铜币大，吮食之别有风味，可与青盐梅竞爽也，卖糖者大率用担，但非是肩挑，实只一筐，俗名桥篮，上列木匣，分格盛糖，盖以玻璃，有木架交叉如交椅，置篮其上，以待顾客，行则叠架夹肋下，左臂操筐，俗语曰桥。虚左手持一小锣，右手执木片如笏状，击之声镗镗然，此即卖糖之信号也，小儿闻之惊心动魄，殆不下于货郎之惊闺与唤娇娘焉。……

卖糕者多在下午，竹笼中生火，上置熬盘，红糖和米粉为糕，切片炙之……早上别有卖印糕者，糕上有红色吉利语，此外如蔡糖糕，茯苓糕，桂花年糕等亦具备，呼声则仅云卖糕荷，其用处似在供大人们做早点心吃，与炙糕之为小孩食品者又异。

忆及此，周作人说："小时候吃的东西，味道不必甚佳，过后思量每多佳趣，往往不能忘记。"

他对平民的食物最感兴趣，也许是小时候故乡的街面上到处都是这类东西的缘故，也许这也成了他后来号召"平民的文学"的一个缘起吧。也只有

在平民间,生活才是真实的,丰富多彩的,就像他们生产的吃的东西,既养人,也无需花费太多,既有了实在的享受,又不去攀附更多的欲望。读了这些文字,我时常产生这样的念头:人生不就应该这样么。从古到今,有几个欲望贲张的人活得自由自在呢,他们一辈子追求的是永远高高在上的那些东西,即使够着了一两回,也还有更好的依旧在面前的不远处晃动,于是,整日惶惶,因不能更多地得到而苦恼不堪,甚或自残,他们才真正是没有过过好日子的人哪。当然,这绝非教导人们去接近犬儒主义哲学,但人若能够从平淡的生活中获得最大限度的精神满足和快乐,不是更接近于生活的本质吗?

虽然周作人对吃比较感兴趣,但并没有耽搁他对人生细致的观察。同一个屠家小店,好吃的东西之外,更有人生的悲剧存焉。这更使周作人不能忘怀。屠家小店的主人宝林太娘年轻时曾以"豆腐西施"、"草舍美人"而闻名绍兴,吸引过不少青壮年乃至老年顾客,当然,也进入过鲁迅的小说《故乡》。如今,徐娘半老,成了位虔诚的佛教徒,她的两个儿子在外面学生意,只有女儿跟在身边。孩子们来买豆和糖的时候总愿意和宝林太娘的女儿搭腔,都唤她做"宝姊姊"。每年夏天,宝林太娘都要出面捐款,在小店的对面搭起一个台子,高声宣读佛家的宝卷。宝姑娘每天则坐在小店里矸纸。也许是因为母亲念叨佛经宝卷的耳濡目染,也许是看惯了台门里人的斯文生活,影响了宝姊姊的人生观,最终酿成了她的悲剧。原来,很小的时候,她就被许给了远房的亲戚,到了快迎亲的时候,男方家里因为贫穷不能备足聘礼,她便抗拒不嫁。男方家只好来抢亲,她趁人不注意从后楼窗户里爬出去,想逃到东边邻居家的楼里,结果失足掉落水,恰好那里泊着男家的船,被捞起来载走了。但她始终不肯屈服,提出几个条件,就是男人不能骂娘,不能赤脚,才可以完婚。但男人是种田的,不赤脚当然不可能,结果只好解除婚约。宝姊姊回家后,就几乎不在店头上卖豆和糖了,而是常常躲在楼上,默默地没有声息,不久便死了。按乡下人的说法,她是得了"女儿痨",大概是肺病一类吧。若不是受了遭抢亲的刺激和对婚姻前景的彻底失望,也许不至于这么早就死去的。周作人记得,她死的时候和孔乙己(孟夫子)死的时间相隔不远。

　　除了这"小小的悲剧",还有一些滑稽的"喜剧",似乎更能引来一阵轻松的观感,它们是快活和热闹的。在小船埠和张马桥之间的几家店铺中,有一家王老板开的傅澄记米店,其小主人被大家唤作"小店王",他年轻气盛,又有点呆头呆脑,经常与街坊邻居发生冲突,碰上破落的大家子弟,人家凭着自己的无赖,并不吃他那一套的,他就只好上前赔礼道歉,拿上一对红蜡烛,找几个人胡乱吹打一阵,热闹一下,算是让人家消消气,这样的事情,他可不是只做了几回,让别人看足了笑话。他娶了老婆,几年都没有生育,便根据不孝有三,无后为大的道理,又娶了一房小。没想到,小的娶进来,米店从此变得大为热闹,家庭风波不断,小店王被夹在中间,好不难受,时常被逼得走投无路、寻死觅活。有一次,女人们又闹将起来,他便大呼小叫着要去投河自尽,自家的后门就临河,他却并不跳,却要前往禹迹寺那边的河里去死。那地方距离他家有半里多地,天还下着雨,他要去赴死时居然没有忘记穿上钉鞋,撑起雨伞,仔仔细细地走出家门。一场闹剧引来了街上许多人看热闹,人们权当是看戏文,没一个人上前拦阻,倒要瞧这一出活剧如何收场。最后,还是店里的舂米师傅冒雨跑出几丈远,才算把他拉了回来。周作人当时也挤在人群中做"看客",后来他写道:"这个喜剧如不真是有人看见,大抵说来不易相信,真好像是《笑林广记》里的故事,而且还是编的不大好的,但这实在是

街坊的一个典故……"(《鲁迅的故家·园的内外·傅澄记米店》)

在这类小小的悲喜剧之外,底层生命的坚韧最能打动周作人的心灵,那时候,他还真的曾经羡慕过市井里的"英雄",比如荣生轿行的主人"做不杀的荣生"——干什么重活、累活,从没有含糊过,而且从早到黑,一刻不停,样样活路都在行,手脚利落,两腿生风,从不埋怨生活的苦。有人来租轿,他便和兄弟抬轿;谁家死了人,他立即赶过去抬棺材;哪家失了火,他又帮着去扑救;没有事了,便又挑了胆子去卖水果;到了秋天,他还到大操场去当操练兵……一年到头卖苦力,从没有人见他有闲下来的时候。这是多大的耐力,多么钢韧的身体!还有屠家小店东临王咬脐锡箔店的店伙,除了吃饭,一天到晚站在潮湿、低矮、阴暗的小屋里抡锤打锡,一大块锡在他们叮叮当当的敲击下,变成了一张张闪着银光的薄薄的锡箔纸,那是用来做冥币的,为了死人在地下生活富裕,活着的人便在农忙之余到城里打锡伯以补贴家用。"安贫贱,敝衣恶食,终岁勤劳。"这是后来周作人对故乡劳动者的赞美,小时候看过太多他们劳动的场面,以至于从这类朴素简单的生活中,他悟出了自然简易的生活艺术,他相信那才是人生的"真味"。

在十字街头,周作人徜徉在世俗人生中,蹦蹦跳跳地与快乐同行,无忧无虑地观察市井,享受着少年时代最后的幸福时光。他从担轿的、摇船的、打锡伯的、做木作的人身边走过,从经营着各式各样商品的小商小贩的店面和小摊前走过,从飘着腌菜、臭霉豆腐和米饭香味的黄昏的街巷里走过,从清冷而神秘的高悬着一盏长方玻璃灯的大烟馆门前走过……生活的气息沿着脚下的石板路,蔓延到了小城的每一个角落。

三

　　小城人的生活总在平平淡淡中度过,清苦,也并不觉得,过惯了的,总是常态的,无从改变,也就顺其自然了。不过,他们自有自己的娱乐方式,普通的,滑稽的,热闹的,谈不上"高雅"的,大概应归为民间艺术一流吧,在劳动之余,得到片刻的放松,应该也算是一种精神生活了。民间的娱乐自有其绵绵不绝的生命力,就像鲁迅《社戏》里描写的一样。

　　我记得,小时候到农村,几乎每个村子都是有过戏台,大都是泥土夯筑而成,外围砌上石头和方砖,四角还竖有几根高高的圆木,估计是挂简单的布景用的。那台子上逢年过节偶尔便会上演当地乡民喜欢的地方戏,戏班子往往从别处请来。但倘若本村有足够能唱一出戏的人马,那么,排练几天,换上戏装,一样上演,而且因为大家彼此都熟悉,若戏中故事的人物关系颠倒了演员现实中的辈分,则会引起一阵高声嬉闹,场面更其热闹。农民们并不把台上的戏和台下的现实分割开来,听到高兴处,他们往往要喊台上演员的真名字,甚或开个浑玩笑。那演员也并不把自己完全看做戏中人,偶尔也会回应几句插科打诨,以爆笑料。于是,人们借助次要的"戏",达到了主要的"乐"。起初,台下的人坐在从自家拿来的高凳上,后来,就干脆站起来,直到场散。期间,有不少卖小吃的穿梭在观众之中,卖的是瓜子和水萝卜,偶尔也有新下的水果。他们一律是外村的,骑着自行车远远地赶来,带的东西装在后座一个长方形的竹筐里。若是天热,还会有一两个卖冰糕的,一边看戏,一边声音不大地喊上几下。所有卖吃食的都将自行车停在人群边上,一旦看到

有食客招呼,他们立马拿将过去,不过,这样的买卖似乎并不多。后来,乡村土台上的"大戏"渐渐少了,以致再也不曾见过。土台上的演出变成了电影,两边的木杆中间扯上一块白色的幕布。乡人看电影的热情依然很高,早早就让小孩子扛了板凳在那里占好座位,卖东西的人也依然是骑了自行车从远处赶来。所不同的是,人群中间多了个放映员和放电影的机器,他也是从老远的镇政府驻地骑了自行车跑来的,后座上搭了个两边敞口的帆布口袋,里面各盛着几个圆盘状的东西,那就是电影胶片了。他来之前,大队部的喇叭要先广播上一阵,算是广告。于是,早早吃完饭的小孩便会聚拢到大队部门前,扒着门缝往里观瞧,他们对放映员正式工作前先由大队书记陪着喝酒的程序了如指掌,门缝里似能钻出鸡鸭的香味。不过,这样的事,后来也渐渐地没有了。现在的娱乐,则是退到了自己家的电视机前,不愿意看电视的中老年人则聚在当年唱戏、放电影的台子前,伴着音乐扭秧歌,锻炼身体,也是有说有笑,只是热闹的范围小多了。

民间的精神生活不断地延续着,从古及今从没有减少活力,它隐藏在生存的褶皱之间,随时都可能展示其或粗糙或细腻的纹理。在近一个世纪前,周作人生活的浙东绍兴,民间的娱乐活动更是随时可见,它与底层的生存互为表里,在艰苦的劳作中使人得以休养生息,用短暂的快乐抚平持久的疲劳,而娱乐之中包含的民间信仰,更是一种精神抚慰,不时地给底层的人们注入些活下去的劲头。小时候的周作人很喜欢看取那份热闹景象,他在当时也许只是得到了一种最简单的东西,那就是快乐——来自市民阶层的、带有民间信仰色彩的底层文化和娱乐精神。在1923年2月写过一篇谈家乡目连戏的文章中,他记下了这么几段:

吾乡有一种民众戏剧，名"目连戏"，或称曰《目连救母》。每到夏天，城坊乡村醵资演戏，以敬鬼神，禳灾厉，并以自娱乐。所演之戏有徽班，乱弹高调等本地班；有"大戏"，有目连戏。末后一种为纯民众的，所演只有一出戏，即《目连救母》，所用言语系道地土话，所着服装皆极简陋陈旧，故俗称衣冠不整为"目连行头"；演戏的人皆非职业的优伶，大抵系水村的农夫，也有木工瓦匠舟子轿夫之流混杂其中，临时组织成班，到了秋风起时，便即解散，各做自己的事去了。

　　十六弟子之一的大目犍连在民间通称云富萝蔔，据《翻译名义集》目犍连，"《净名疏》云，《文殊问经》翻'菜茯根'，父母好食，以标子名。"可见乡下人的话也有典据，不可轻侮。富萝蔔的母亲说是姓刘，所以称作"刘氏"。刘氏不信佛法，用狗肉馒首斋僧，死时被五管锐叉擒去，落了地狱，后来经目连用尽法力，才把她救出来，这本戏也就完结。计自傍晚做起，直到次日天明，虽然夏夜很短，也有八九小时，所做的便是这一件事；除首尾以外，其中十分七八，却是演一场场的滑稽事情，算是目连一路的所见，看众所最感兴味者恐怕也是这一部分。……

　　这些场面中有名的，有"背疯妇"，一人扮面如女子，胸前别着一老人头，饰为老翁背其病媳而行。有"水泥作打墙"，瓦匠终于把自己封进墙里去。……

　　　　……

　　这些滑稽当然不很"高雅"，然而多是壮健的，与士流之扭捏的不同，这可以说是民众的滑稽趣味的特色。我们如从头至尾的看目连戏一遍，可以了解不少的民间趣味和思想，这虽然是原始的为多，但实在是国民性的一斑，

在我们的趣味思想上并不是绝无关系，所以我们知道一点也很有益处。

还有一层，在我所知道的范围以内，这是中国现存的唯一的宗教剧。因为目连戏的使人喜看的地方虽是其中的许多滑稽的场面，全本的目的却显然是在表扬佛法，仔细想起来说是水陆道场或道士的"炼度"的一种戏剧化也不为过。我们不知道在印度有无这种戏剧的宗教仪式，或者是在中国发生的国货，也未可知，总之不愧为宗教剧之一样，是很可注意的。滑稽分子的喧宾夺主，原是自然的趋势，正如外国间剧(Interlude)狂言(Kyogen)的发生一样，也如僧道作法事时之唱生旦小戏同一情形罢。(《谈龙集·谈目连戏》)

虽然周作人十四岁离乡，看目连戏是在二十多年前，而且只看过很少的一部分，还有些记不清的地方，但他对故乡的这一剧种很有感情，关键是，他认可民间剧种里的健康与壮硕，这与他的平民思想很有关系。而且，在那个年代，我们还没有遇上非物质文化遗产保护的问题，周作人就意识到了保护这种民间文化的意义，实在是很有眼光的了。

要演七天七夜的目连戏似乎和节气也有点关系，因为传说到了七月，酆都鬼城的城门打开，阎罗王让小鬼们到人间玩玩，算是阴间放假的意思，所以这本是给鬼看的戏便在一年中最热的时节在人间上演。秋风萧瑟的时候，那些高调热闹的唱腔便随着树叶最初的几片落地而消隐到忙碌且平静的生活里去了。卖烙饼的摊子也收了起来，卖泥孩的担子也不见了，戏台下的赌局也撤了，热闹的人群渐渐散去，乘了危险的脚划船寻求刺激的前来看戏的人也改乘了乌篷船回家去了。场地的四周恢复了往日的寥落、阒寂。秋天的阳光照在泥土上，渐渐显现出一种无力的昏黄，风越来越凉了。一场细雨过后,那残留的几曲音符被人们彻底地抛到了脑后。这多么像绚丽或热闹之后归于平淡的人生,大的循环之中包含了许多小的循环。戏曲可以一年一度地上演,人生的岁月却不可能一遍一遍地循回,随着时光的流逝,许多记忆慢慢缩小为一个个明亮的"点",在生命的大背景中孤独地闪烁,除非你再次凝视它,除非你还能读懂它的意义,那么,它还会再次放大并展现于你的眼前,或清晰,或朦胧,或明丽,或昏暗,或疏朗,或恍惚,需要你仔细地分辨、对照、查点、判断。周作人的一生中是经常"动用"记忆的矿藏的。其实哪个作家都是如此,动用最多的大概是积累的情感罢。对周作人而言,情感是深藏不露的,情景的复现是他的拿手好戏,在片段中有着很细的局部,有鲜亮的枝叶,也有木质中的文理。许多记忆就像老年人手中的手杖,是人生的支撑;每当坐下来休憩,他会反复抚摸那本已油亮发光的"包浆",似乎在一次次找寻走过的路径,一次次品味在脑海中复现的时光……人老了,总会絮叨,在周作人的絮叨中,我们慢慢看清了他的眷恋,他的已经退进了历史夜色中的绍兴。

迎神赛会也是周作人家乡绍兴当年最热闹的"精神活动"之一,这一传统大概持续了几百年了,明张岱在《陶庵梦忆》中就曾记录过崇祯五年(1632)七月绍兴祈雨赛会的情况。鲁迅也曾在《朝花夕拾·五猖会》中记载过他小时候看过的迎神赛会,但当时的场面比明末时大大地简化了,但对于孩子,那场面也足以让他看得欣喜若狂,他写道:

……开首是一个孩子骑马先来,称为"塘报";过了许久"高照"到了,长竹竿揭起一条很长的旗,一个汗流浃背的胖大汉用两手托着;他高兴的时

候,就肯将竿头放在头顶或牙齿上,甚而至于鼻尖。其次是所谓"高跷","抬阁","马头"了;还有扮犯人的,红衣枷锁,内中也有孩子。我那时觉得这些都是光荣的事业,与闻其事的即全是大有运气的人,——大概羡慕他们的出风头罢。我想,我为什么不生一场重病,使我的母亲也好到庙里去许下一个"扮犯人"的心愿的呢?……然而我到现在终于没有和赛会发生关系过。

对这一同样的场景,周作人当然也是见识过的,但他比鲁迅的记载要翔实得多:

……迎会之日,先挨家分神马,午后各铺户于门口设香烛以俟。会伙最先为开道的锣与头牌,次为高照即大纛,高可二三丈,用绸缎刺绣,中贯大猫竹,一人持之以行,四周有多人拉纤或执叉随护,重量当有百余斤,而持者自若。时或游戏,放着肩际以致鼻上,称为嬉高照。有黄伞制亦极华丽,不必尽是黄色,但世俗如此称呼,此与高照同,无定数,以多为贵。次有音乐队,名曰大敲棚,木棚雕镂如床,上有顶,四周有帘幔,棚内四角有人异以行,乐人在内亦且走且奏乐,乐器均缚置棚中也。昔时有马上十番,则未之见。有高跷,略与他处相同,所扮有滚凳,活捉张三,皆可笑,又有送夜头一场,一人持笼筛,上列烛台酒饭碗,无常随之。无常鬼有二人,一即活无常,白衣高冠,草鞋持破芭蕉扇,一即死有分,如《玉历钞传》所记,民间则称之曰死无常,读如国音之喜无上。活无常这里乃有家属,其一曰活无常嫂嫂,白衣敷脂粉,为一年轻女人,其二曰阿领,云是拖油瓶也,即再醮妇前夫之子,而其衣服容貌乃与活无常一律,但年岁小耳。此一行即不在街心演作追逐,只迤逦走过,亦令观者不禁失笑,老百姓之诙谐亦正于此可见。台阁饰小儿女扮戏曲故事,或坐或立,抬之而行,又有骑马上者,儿时仿佛听说叫塘报,却已记忆不真……(《药堂杂文·关于祭神迎会》)

　　鲁迅写到了一次参加五猖庙赛会的经历,但并没有详细记录赛会的"盛况",因为他早已不记得了,倒是那天发生的、开船以前父亲忽然让他背《鉴略》的事使他铭记终生。五猖庙离家较远,需要前一夜就预定好船只。第二天大清早,船椅、饭菜、茶点都搬到泊在河埠头的船上,当鲁迅正高兴地蹦蹦跳跳催促工人再快一点时,他的父亲伯宜公却让他拿出书来背,背不过便不让去看会。鲁迅自然是在紧张和焦虑中抓紧时间背书,以赶快拿到看会的资格,但书是背过了,看会的高兴劲儿却大大减少了。周作人当然不会被父亲下令背书的,他恐怕早就坐在了船上,正迫不及待地等待着开船,想象着平日里妇女孩子难得一见的赛神会到底是个啥样子,兴奋劲儿不知要比刚背过书的鲁迅高出多少倍。他后来在心里曾经为此感激过父亲吗?这不仅是开眼、见世面的早期教育,也不仅是这样的经历使他获得了比鲁迅更丰富、更翔实得记忆,还在于他这非长子的优势——使他在童年,他的幸福感比鲁迅要强得多,难道这样的早年的幸福感对未来的人生不是一样有着深刻的影响吗?

　　幼年的散漫时光好像永远都没有尽头。从晨曦微露到夕阳满天,一日的光景似乎也很漫长,似乎能走很远的路,看无数的景,听一个接一个的故事与传说。戏剧和赛神会总有结束的时候,但生活却不会倏忽间流逝,人们在劳作之中或劳作之余总会想出一些乐子用以打发疲劳而庸常的人生,那就

是流传于底层民众间的故事和笑话，里面夹杂了普通百姓的智慧、向往、精神需求，虽然很多带有猥亵、粗俗的因素，但表现的却是民间的道德和活力，在周作人看来这些粗俗不雅至少是壮硕的、健康的，是处于底层的小市民的一种自我慰藉的精神体操，是他们的梦，而不是病态的知识分子的轻佻、忸怩，甚至阴暗、丑陋。他为底层民众的生存情趣进行辩护，对假道学的虚伪进行批判，恰是对来自民间的与"野蛮人相像"的道德的肯定和对智识阶级自以为是的、虚弱的"智力的优胜"的否定。可以说，周作人的这种民间情怀来源于早年所见识的"十字街头"的文化，来源于这种文化的熏染和对它的认同。

周作人小的时候听说过许多有趣的故事，其中，徐文长的民间传说最为有趣，也最有代表性：

徐文长买白菜，卖菜的说一文一斤，他说一文两斤，卖菜的粗鲁地回答说，"那只好买粪吃"，徐文长便不再计较，说他要照讨价买下了。可是称来称去费了许多工夫，卖菜的觉得很饿了，等徐文长进去算账之后，他看桌上有两个烧饼，便拿来吃了。徐文长出来，向桌上张望。卖菜的便说："这里两个烧饼是我借吃了。"徐文长顿足道："了不得，这是砒霜烧饼，我拿来药老鼠的。"卖菜的十分惊慌道："那怎么好呢？"徐文长道："现在已经来不及叫医生，听说医砒毒只有粪清最好，你还是到粪缸那里吃一点吧。"卖菜的性命要紧，只能去吃。徐文长遂对他说："究竟是谁吃了粪呢？"

还有一则：

有一个人去找徐文长,说他的女儿喜欢站在门口,屡诫不听,问他有什么好法子。徐文长说只要花三文钱,便可替他矫正女儿的坏脾气。那父亲很高兴,拿出三文钱教给徐文长,他便去买了一文钱的豆腐和两文钱的酱油,托在两只手上,赤着背,从那女儿的门外走过,正走到他的前面。徐文长把肚子一瘪,裤子掉了下来,他便嚷着说:"啊呀,裤子掉了,我的两只手不得空,大姑娘,请你替我系一系好吧?"那姑娘跑进屋里去,以后不再站门口了。

(《周作人文类编·花煞》)

徐文长,即徐渭(1521~1593),也就是大名鼎鼎的徐青藤,周作人的同乡,山阴(今浙江省绍兴)人。此人天资聪颖,二十岁考取山阴秀才,可是后来连应八次乡试都名落孙山,终身不得志于功名,"不得志与有司"。青年时曾一度被兵部右侍郎兼佥都御史胡宗宪看中,于嘉靖37年(1558年)招至任浙、闽总督幕僚军师,后来,胡宗宪被弹劾为严嵩同党,被逮自杀,徐渭深受刺激,一度发狂,精神失常,竟先后九次自杀,后因怀疑其继室张氏不贞,将其杀死,度过了七年牢狱生活。出狱后已是53岁,于是四处游历,开始著书立说,写诗作画。晚年更是潦倒不堪,穷困交加。他平素生活狂放,不媚权贵,是当时最有成就的写意画大师,他编写的杂剧《四声猿》在戏曲史上也占有一席之地。陶望龄《徐文长传》记载:"渭貌修伟肥白,音朗然如唳鹤,常中夜呼啸,有群鹤应焉。"的确是不俗的怪人,仿佛还有点仙气。

徐渭行为的狂放不羁,惊世骇俗,以及出类拔萃的才华,被民间普遍认可,几百年间,他的许多故事流传了下来,甚至底层百姓编造的带有民间智慧的笑话也附会到了他的身上,既使他成了一个疏狂落拓、无所不能的传奇

人物，又通过他满足了自己的心理欲望，甚至是猥亵趣味。不过，这种在高雅之士看来是低级趣味的东西，绝不是绍兴的特产，而是各国在缺少教育的民众之中普遍存在的现象。周作人认为，这类笑话从本质上讲是男女关系很不圆满的产物，是过着端庄的生活而不能忘情于欢乐的意淫，是民间百姓在劳作之中或之余放松、愉悦自己的办法。周作人幼年时曾经受过这类"民间艺术"的熏陶，他不但勇于承认，津津乐道，还用西方的性心理学理论予以分析，这在当时也算是很有勇气的"壮举"了。他甚至还写诗赞美徐渭的疏狂不羁：

往昔听乡谈，吾爱徐文长。其人颇促狭，作剧无报偿。市井竞传说，终乃似流氓。单袴买豆腐，毕拨入茶汤。喜与妇人戏，嬉笑辄哄堂。又复杀和尚，流祸到僧坊。浩浩徐夫子，浊世自佯狂。畸谱殊坦白，行迹略可详。世人好闲话，传讹亦何妨。吴有唐伯虎，旗鼓差相当。（《老虎桥杂诗·往昔续六首》）

周作人幼年和少年时代的精神生活也可谓丰富多彩，他像一棵等待成长的小树汲取着绍兴这片土地上的营养和滋润，喧嚣的市声，驳杂的生活场景，潜伏于小城褶皱中的生存况味，流动和荡漾在民间底层中的文化色彩，在他敞开的心灵中混合成一种生机勃勃的景象，渐渐又变换为一条条清澈、明丽的文字之流。周作人其实一生都没有离开绍兴，在他回忆绍兴的生活岁月时，他是否会有一种时空变幻的错觉——那些悠长的岁月原来在回眸的眼中竟是如此短促，而在灯下、在文字的诉说中却又回复到原先的漫长——甚至可以延续到永远？往昔在时间中复现，游走的情景不是电影或梦幻，对于人生,它们的意义或许在很多年之后才能渐渐浮出水面。

十字街头很遥远了,十字街头的声音还在心头摇荡,十字街头的画面依旧在脑海里闪回。是再次亲近,还是转身远离? 这些想法都是虚妄。即使在小的时候,周作人就感觉到他不过是一个十字街头的过客,他亲近市民的生活只是暂时的,那里有极其吸引他的东西,但他不绝是他们其中的一员,他的出身使他灵魂深处生出了一种本能的拒斥,他不愿意"跟着街头人群去瞎撞胡混"——这种拒斥最终决定了他和哥哥鲁迅一样,终究要"走异路,去寻找别样的人们"。他是绅士,虽然也过过半流氓的生活;他喜欢接近民众,却对他们的行为又深怀疑虑;他热爱十字街头,但倘若那里的声音侵害了他内心的宁静,他宁愿走进十字街头的塔里去躲避有可能出现的伤害。关键是,他慢慢认识到,作为一个绅士,心灵的自由是最重要的,他不想有任何东西打扰自己内心的宁静、左右自己独立的思维。于是,"十字街头的塔"便成了他的庇护所,成了他寻找生命依托的所在,一个彷徨之后可以立足其中的象征,成了他认可的知识分子独立人格的保障,也可能最终成了一个困扰自己的围城。阅读下面一段文字,我们似能感到后来之周作人"半是儒家半释家"的缘起:

我从小就是十字街头的人。……因为我虽不能称为道地的"街之子",但总是与街有缘,并不是非戴上耳朵套不能出门的人物,我之所以喜欢多事,缺少绅士风度,大抵即由于此,从前祖父也骂我这是下贱之相。话虽如此,我自认是引车卖浆之徒,却是要乱想的一种,有时想撅个凳子坐了默想一会,不能像那些"看看灯的"人们长站在路旁,所以我的卜居不得不在十字街头

的塔里了。(《雨天的书·十字街头的塔》)

"十字街头的塔"或许真有存在的实物,非为佛塔,而是像望台角楼之类的"塔围"。但对周作人而言,这塔其实倒更是个象征物,是他人生选择和观察世界的一个视角、一种姿态,更是一处灵魂的栖所,是既可瞭望又可遮风挡雨的最好去处。在感情上,他虽接近市井间巷,并自认为是引车卖浆之徒,然而,他更希望和他们保持着适当的距离,所以,只能坐在塔里观看市井,并多出一份可以"乱想"的本领。这就像"民间"的知识分子,他们或许真的来自民间或曾经十分贴近民间,但思考的问题和立场,也只能算是"知识分子的民间",他们早已不再是民间的一员。这与今天的某些作家所畅想的"作为百姓而写作"有很大的不同(但作为百姓而写作虽是一种很好的姿态,但是否真的能做到,还是个问题),所以他又说:

……我在十字街头久混,到底还没有入他们的帮,挤在市民中间,有点不舒服,也有点危险,(怕被他们挤坏我的眼镜,)所以最好还是坐在角楼上,喝过两斤黄酒,望着马路吆喝几声,以出胸中闷声,不高兴时便关上楼窗,临写自己的《九成宫》,多么自由而写意……

别人离了象牙的塔走往十字街头,我却在十字街头造起塔来住,未免似乎取巧罢?我本不是任何艺术家,没有象牙或牛角的塔,自然是站在街头的了,然而又有点怕影,怕挤,于是只好住在临街的塔里,这是自然不过的事。只是在现今中国这种态度最不上算,大众看见塔,便说这是智识阶级,(就有罪,)绅士商贾见塔在路边,便说这是党人,(应取缔。)不过这也没有什么妨害,还是如水竹村人所说"听其自然",不去管它好罢,反正这些闲话都靠不住也不会久的。老实说,这塔与街本来并非不相干的东西,不问世事而缩入塔里原即是对于街头的反动,出在街头说道工作的人也仍有他们的塔,因为他们自有与大众乖戾的理想。总之只有预备跟着街头的群众去瞎撞胡混,不想依着自己的意见说一两句话的人,才真是没有他的塔。所以我这塔也不只是我一个人有,不过这个名称是由我替它所取的罢了。(同上)

周作人不想做无知的群氓,于是也要为他这一类绅士辩解,然而,说的也是事实。从这一段文字来看,十字街头的游历是周作人后来经常想起并思考的人生阅历之一,居然从中看到了后来他所取的人生姿态,也的确可以被称为"智识分子"了。这并不是苏轼所谓"以出世之心做入世之事",而是出入更其自主,然而也谈不上救世之心,往好一点说大概接近一个"自了汉"罢。"半是儒家半释家"的自况也不能掩盖了他生存哲学上的自私,无法改变的是,那个让他明白了要如何生存的塔,早在他徘徊于十字街头时,便在心中渐渐垒成了。他是很想拥有自己的一座"塔"的,他觉得,只要不是象牙塔,出去回来都任由自便,既接近民生,又不被烦扰,还可以拥有独立思考的空间,真可谓有独享的惬意,对人是难得而幸福的事了。尽管也并不讨某些或左或右势力的好,但比起盲从的胡撞瞎混者,不知要"高级"多少。在他看来,没有自己的"塔"的人,就是没有独立思考和自由的人。早年的经历已经被他形而上到一种理性的认知,不过和他后来的所作所为倒是很相符——其实,他虽这么说,自己还是更多地躲到塔里去了,那塔渐渐也就变作了真的象牙塔。然而,躲进了塔里并不意味着一切顺遂,从此消弭了灵魂的挣扎,就像做了

"智识阶级"，不一定就忘了"破脚骨"一样。周作人时常被塔里、塔外的两种力来回拉扯着，有时也分不清该倒向哪一边。他写过一篇《两个鬼》的文章，大抵是在当年的十字街头剥离出来的笼罩在心上的影子，他说那是两个"鬼"——绅士鬼和流氓鬼——在指挥左右着他"一切的言行"，"这是一种双头政治，而两个执政还是意见不甚协和的，我却像一个钟摆在这中间摆着。有时候流氓占了优势，我便跟了他去彷徨，什么大街小巷的一切隐秘无不知悉，酗酒，斗殴，辱骂，都不是做不来的，我简直可以成为一个精神上的'破脚骨'。但是我将真正撒野，如流氓之'开天堂'等的时候，绅士大抵就出来高叫'带住，着即带住！'……"是家庭和十字街头经历的交叉影响造成了周作人心中两个"鬼"的搏斗，使之舍其一则遗憾，并蓄之则灵魂难安。但舍弃是根本不可能的，只能在日后更多去培植"绅士鬼"的一端罢了。"绅士鬼"亦非全无是处，至少使他保持了一种清高（这清高如果细说大抵还源于特异的浙东文化对他人格的影响），后来，冯雪峰在评价附逆前的周作人时说：他"在附敌以前，总算是做到了'清高'，对于各个政派或政治性的运动都并未'同情'或'附和'，并且还几乎都给以敌意的，确实有'高士之风'。"（冯雪峰《谈士节兼论周作人》，孙郁、黄乔生主编《回望周作人》）

所以，回想起来，周作人对十字街头的游逛感情是十分复杂的。十字街头是他了解外面世界的第一个开端，从那里起步，他必将走向更为广阔的外部世界，对此，他满怀着感念和追忆；但随着年龄的长大，尤其是祖父从杭州监狱归来后，他渐渐觉察到生活的困窘和压力，一个要随了哥哥树人走出去闯荡世界的想法开始在心中潜滋暗长，于是，十字街头的风物便渐渐失去了原来的吸引力——他想"逃脱"它而去，其实实在是想逃脱家庭的羁绊和心里漫上的越来越沉重的阴影。童年结束了。一个少年,开始担负起了家庭的一部分责任,具体一点,不再是漫无目的的闲游,而是去那里买菜,为生活忙碌了。这使他感到,无论做什么,只要有了目的性,压力自然会随之而来,快乐和享受也便慢慢消失殆尽。在他的回忆录里,他写道:"每天早起,这在我并不难,就是换取了九十几文大小不一的铜钱,须得掺杂使用,讨价还价的买东西,什么四两虾,一块胖鱼头,一把茭白,两方豆腐,这个我也干得来,虽然不免吃亏,但是买了回来祖父看了,总还说要比用人买的更是便宜,所以在这些上面都没有什么困难。其最为难的是,上街去时一定要穿长衫,早市是在大云桥地方,离东昌坊口虽不是很远,也大约有二里左右的路吧,时候又在夏天,这时上市的人都是短衣,只有我个人穿着白色夏布长衫,带着几个装菜的'苗篮',挤在鱼摊菜担中间,这是一种什么况味,是可想而知了。我想脱去长衫,只穿短衣也觉得凉快点,可是祖父坚决不许,这虽是无形的虐待,却也是忍受不下去的。"(《知堂回想录·二六 逃脱》)于是,在祖父回家两个月后,周作人就给大哥写信,托他留意外面学堂招生的信息。好在祖父并不是个只认科举的老顽固,倒认为读书不成可以去卖豆腐以自立,并且对于学堂是赞成的,何况他的爱子伯升和长孙树人都已在南京,所以周作人在请求伯升等禀告了祖父并征得同意后,终于坐上埠船离开了绍兴,离开了百草园、新台门,离开了东昌坊和十字街头,开始了他人生的漂泊路程。

泡在水中的故乡渐渐消失在身后,前程一片浩渺。周作人孤单的身影扎进了风雨如晦的年代,他将去影响那个时代,也将在时代的影响下完成他复杂多面的一生。

消逝的"白光"

　　故家迷宫般的格局,周作人是十分清楚的,他记录得准确而清晰。至于从祖父介孚公那一代或者更早就分家异爨的亲缘各枝的关系,他也十分地了然。但这些并不是他勾画、交代的重点,他只把它们看作人物活动的背景,在简约地说明之后,他要记录许多活动于其间的人物。他的眼前浮动着更多令刻骨铭心往事,有多少是沉痛的记忆,是他幼小的心灵中飘忽不断的浓重阴影啊。他仿佛一下就感到了笔的涩重。是的,许多人后来化作了鲁迅笔下的人物,许多事也被带入到他的小说之中。鲁迅艺术创作的来历,对于周作人来说太明白不过了,倘若自己要写小说,会怎样利用那些素材呢?

蓝门依旧紧闭——是永远地闭上了。油漆早已经剥落,破败的窗格结满蛛网,阳光只能惨淡地投进一缕。屋里的空气该是漂浮着一股霉味了,他的主人永远不会回来。从百草园的后园门进来,经过西边工作间和东边灶头之间的夹弄,会看到西边有两间屋,一间是鲁迅读过书的地方,因为天井里长着一棵橘子树,便被孩子们称作橘子屋。周作人说,鲁迅在这里读书的时候,书桌放在窗下,朝夕看着那棵橘子树,便有了"橘子屋"的名,这样的情景,倒真是让人羡慕不已。然而,靠近这里发生的事,却令鲁迅和周作人记忆了一辈子,那就是另一间带有两扇蓝色门的,被称作"蓝门"的屋子里的事了。"讲起蓝门里的故事来,实在很离奇而阴惨……蓝门紧闭,主人不知何去,夜色黄昏,楼窗空处不晓得是鸟是蝙蝠飞进飞出,或者有猫头鹰似的狐狸似的嘴脸在窗沿上出现,这空气就够怪异的。小孩子们惯了倒也不怕,只是那里为拖鸡豹果子狸的逋逃薮,很为主妇们所痛心,这却是小孩子所不关心的事情了。"(《鲁迅的故家·百草园·蓝门》)

　　那一带的屋子在改建之前已经十分地破旧荒凉,仓房的楼板楼窗早已不见。周作人记得,在它的西边,楼房的情形也是一样的,破败而荒凉。只是楼下南向的一间屋子尚可以使用,那就是立房的主人惟一的住宅了。宅子上的门是蓝色的,所以被称作"蓝门"。"蓝门"的主人是周作人的堂房爷爷,与兴房的周作人的爷爷介孚公同辈,是立房的第二代,名字叫做子京。但平时,孩子们是要叫他"明爷爷"的。这位明爷爷子京起初还算是个摇头晃脑的读书之人,后来不知怎的,渐渐成了蓝门里的鬼魅,在周家的新台门里飘来飘去,终于在失意潦倒中退出人生舞台,只留下蓝门这块他生前最后的人生据点,任其在风雨剥蚀中变得更加荒芜、萧疏。

子京曾是鲁迅的第一位老师,论说该是启蒙老师了。可是命运却十分地不幸。旧时代的读书人科举应试才是正途,倘若考不上功名,又不会稼穑,便只有凭着几点墨水教小孩子读书以换口饭吃,能吃上饭,还算是好的,若是学问不济又整日愤愤不平,便往往要被人辞掉,等着回家挨饿了。鲁迅笔下写的这样的人物,最有名的要算孔乙己了,那种下场,当年在绍兴恐怕也不止他一个人,也许是所有那样的人被鲁迅捏成了最具代表性的孔乙己的典型形象吧。然而,这些人不曾恨过科举,他们只恨自己无能:对祖宗,是不肖子孙;对邻人,是无颜面对。子京就是这样的读书人。他多年应试不第,只好开办私塾,然而学问实在太差,弄了许多笑话,再加上有时还体罚学生,甚至做出用门缝夹耳朵的荒唐事,终于混不下去,不久便疯了。

周作人想起,那时候鲁迅在读《孟子》,明爷爷子京有时候就倒背着手走到橘子树下仰头看天,他会在树下呆呆地看许久,似乎怀了无限的心事,在他踅回书房的途中,步履沉重,一边摇头,一边叹息。因为在阳光明媚的天井里呆久了,回到幽暗的屋子里,眼睛便半眯起来,使孩子们看了感到非常的威严,那表情似乎还对谁怀了些蔑视。这样的神态,在考不上秀才、举人的老童生的脸上是很多见的。可是,对于明爷爷子京,周作人看不出他这份表情是对世事的不满,还是对自己的责怨,抑或还有对命运的不服?蓝门的事真是一言难尽,叙述起来甚至让周作人都犯踌躇。子京的父亲十二老太爷在长毛闹事的时候失踪,这件事带给子京日后的生活带来很大的变动,许多事他只有靠自己拿主意了。周作人在写子京时,首先要交代他父亲的结局,因为那和子京的后半生有诸多的关联:

……十二老太爷即是子京的父亲,在太平天国失踪;据说他化装逃难,捉住后诡称是苦力,被派挑担,以后便不见回来,因此归入殉难的一类中,经清朝赏给云骑尉,世袭罔替。照例子京在拜祭日或上坟的时候是可以戴白石顶子的,可是他不愿意,去呈请调换,也被批准以生员论,准其一体乡试。却又不知怎的不甘心,他还是千辛万苦的要去考秀才,结果是被饬不准应试,因为文章实在写得太奇怪,考官以为是徐文长之流,在同他们开玩笑哩。实例是举不出来了,但还记得他的一句试帖诗,题目是什么“十月先开岭上梅”之类,他的第一句诗是“梅开泥欲死”,为什么泥会得死呢? 这除了他自己是没有人能懂得的了。(《鲁迅的故家·百草园·橘子屋读书》)

子京的学问在考试的时候已经成了笑谈,最后的教书不成也就在情理之中了。而他偏不要那世袭罔替的虚位,以为自己有经天纬地之才,非要混个科举出身,不料却为自己埋下了祸根。秀才不中,只好教书;教书不成,只能发疯。在接下来的《橘子屋读书二》中,周作人详述了他被解聘的缘由,那今天看来也许只能算是芝麻大的小事,但在“万般皆下品,唯有读书高”的年代,读书人的滥竽充数最终要遭遇嘲笑,并被无情地踢出教书行列的,因为那些腐朽无用的所谓学问,在当时人的眼里是可以售予帝王家、治国平天下的,至少也有着“书中自有黄金屋”的世俗诱惑,当然马虎不得。而学问不济只能被视作误人子弟、毁人前程,关系不可谓不重大。子京自恃有学问,壮着胆子教书,然而,不巧的是,他遇到的是周介孚这样有功名的堂兄弟,他的儿子伯宜侄的学问自是差不了,自己教的又是介孚的孙子、伯宜的儿子,于是胆气自然短了一截,须事事谨慎。若被他们发现自己是误人子弟,被嘲弄奚

落一番还是小事，自家名节不保的羞惭不是钻回老鼠洞就能够解决的，它甚至会关系到生死。偏偏，这种事还是让他遇上了：

子京的文章学问既然是那么的遭，为什么还请他教书的呢？这没有别的缘故，大概因为对门只隔一个明堂，也就只取其近便而已吧。他的八股做不通，"四书"总是读过了的，依样画葫芦的教一下，岂不就行了么？

可是他实在太不行了，先说对课就出了毛病。不记得是什么字了，总之有一个荔枝的荔字，他先写了草头三个刀字，觉得不对，改作木边三个力字，拿回去给伯宜公看见了，大约批了一句，第二天他大为惶恐，在课本上注了些自己谴责的话，只记得末了一句是"真真大白木"。不久却又出了笑话，给鲁迅对三字课，用叔偷桃对父攘羊，平仄不调倒是小事，他依据民间读音把东方朔写作"东方叔"了。最后一次是教《孟子》，他偏要讲解，讲到《孟子》引《公刘》诗云，"乃裹糇粮"，他说这是表示公刘有那么穷困，他把活猢狲袋的粮食也咕的一下挤了出来，装在囊橐里带走，他这里显然是论声音不论形义，裹字的从衣，糇字的从食，一概不管，只取其咕与猴的二音，便成立了他的新经义了。传说有一回教他的儿子，问蟋蟀是什么，答说是蛐蛐，他乃以戒尺力打其头角，且打且说道，"虽子啦，虽子啦！"这正是好一对的典故。鲁迅把公刘抢活猢狲的果子的话告诉了伯宜公，他只好苦笑，但是橘子屋的读书可能支持了一年，从那天以后却宣告终止了。

子京的父亲死难在咸丰辛酉（1861）年，母亲寿命很长。他有个妹妹嫁给了一个杭州的私塾先生，算是亲戚中有和他同操一业的了。不幸的是，他的夫人去世得也早,留下两个儿子八斤和阿桂,让他没完没了地操心。子京不是会置产业的人,教书也力不从心,烦恼的时候便往往拿孩子出气,结果,因为打得很,两个儿子都出逃了,留下他孤零零地守着破败的蓝门小屋过活。有一个儿子只有母亲的忌日回来拜祭,据说给一个什么店家做了养子,算是找了门活路。周作人记得他回来时身上穿得干干净净的,想必不会太受穷。但子京绝不会提儿子给人做养子的事,太丢脸面了。他觉得儿子大了,有了自己的注意,就随他去吧,还少了自己的麻烦。因此,对这儿子格外地客气起来,见了面就像迎客一般。拜过几日后,子京对儿子说:"吃了忌日酒再回去吧",儿子却客气地回答:"不吃了,谢谢",于是作别而去。子京虽然可怜,但毕竟是读过书的,在别人面前的矜持他是懂的,在儿子面前的威严也还是要的,但是,儿子已经几乎不是自己的了,于是威严也只好用客情代替了。周作人记不起当时子京的表情了,他觉得这位明爷爷至少在心里是有几分心酸的,儿子见了他要说"谢谢",这不是生分和拒绝又是什么? 混来混去,子京的身边没有什么亲人了。

子京的发疯是必然的,这在他仍任教书先生是就露出了端倪。立房的人七零八落地散去了,只有子京常在家,除了教书,他只有孤独地在园子里转悠。这个时候,他开始出现不稳重的举动。他家里有一个整日无所事事的老妈子,叫做得意太娘,蓬头垢面,穿着常年不换的蓝衣青布裙,时常喝酒。"有一天下午,她喝醉了撞进书房来,坐在床前的一把太师椅上,东倒西歪的坐不住,先生只好跑去扶住她,她忽然说道,'眼面前一道白光!'我想她大概醉得眼睛发花了,可是先生发了慌,急忙道,'白光,哪里?'他对学生说今天放学了,不久他自己也奔了出去,带回石作土工等人,连夜开凿,快到五更天才

散。"子京在地上挖掘了个深坑，亲自跳下去检查，摸索着找到一块石头的方角，有些像埋在地下的石磉，他惊慌地赶紧往上爬，结果扭了腰，躺了好几天没法教书。但他居然相信宅内藏有财宝，真是破落子弟的幻想。不过，这幻想倒也有几分依据，据传，大户人家为了让后辈遇上困难时度过难关，常预备一些财宝埋在宅子的某个地方。周家也有这样流传下来的"挖宝口诀"："离井一牵，离檐一线。"陷入困窘的子京或许忽然想到了这句口诀，好似一下子抓到了救命的稻草。"白光起处藏有银子"，于是他继续在蓝门内挖掘数次，结果只看到房屋改造以前的砖石填补的痕迹。然而，快要发疯的子京相信白光的出现预示了地下的宝藏，他两眼直勾勾地盯着地面上的大坑，在周边一圈一圈地逡巡，表情已经让人难以琢磨了。这种发财心切的举止往往在败落大家子弟中是常有的，但子京心切得导致发疯却是匪夷所思，也许是他就觉出了饭碗的危机，而白光预兆的财宝又迟迟找不到，从而导致了急火攻心、精神狂乱吗？这个答案还是小孩子的周作人当然是找不出的，但后来看了《儒林外史》，渐渐明白，范进中了举都能发疯，这没有中过举的明爷爷子京最后穷困乃至于发疯致死，不是很好理解的吗？

子京的精神病严重起来，他的末路是很悲惨的。书房散伙之后，有一个时候他还住在蓝门，后来到近地庙里去开馆，自己也就住在那里了。他的正式发呆是开始于留居蓝门的期间，因为在上学的那时期总还没有那种事情，否则就该早已退学，不等到讲《孟子》了。那是一个夜里，他在房里自怨自艾，不知道为的什么事，随后大批巴掌，用前额磕墙，大声说不孝子孙，反复不已。次早出来，脑壳肿破，神情凄惨，望望然出门径去，没有人敢同他问话。人家推测,难道他是在悔恨,十二老太爷死在富盛埠,他没有去找寻尸骨,有失孝道,还是在受鬼神谴责呢,谁也不知道。总之他是那么的自责,磕头打嘴巴,时发时愈,后来大家见惯,也就不大奇怪了。(《鲁迅的故家·百草园·子京的末路》)

子京在穆神庙北邻的惜字禅院教了几年书,开馆授徒是他惟一的指望了。那末了一年,周作人记得自己是十岁,即光绪乙未(1895)年,"因为致房一派有一个值年,是佩兰公(致房的九世先人——作者注)的祭祀,那年轮到立房承值……照例冬天先收祭田租,从除夕设供办起,至十月拜坟送寒衣止,除开销外稍有利润。可是子京等不到收租,于春间早以廉价将租谷押给别人,拿这钱来要办两件大事,即是养儿防老,积谷防饥。"关于周家的祭祀值年,周作人在其后的一篇文章中做过说明:"承办一代祖先的一年间的祭祀,需要相当的费用,指定若干田地或房屋为祭田祭产,使值年的人先期收取,以便应用,大抵可以有些盈余作为酬劳……"(《鲁迅的故家·祭祀值年》)然而子京既不善经营,也似乎更没有耐心再等,已经到了寅吃卯粮、得过且过的地步;或者心里早就没有了祖宗。结果,虽得了些利润,但找老婆的钱被媒婆骗去,而押掉租谷换来的钱却用来在庙里修仓间了。一番冤枉之后,这个山穷水尽的人,在一个三伏热天,忽然"大举的发狂",先是一套自责自打,之后用剪刀戳破喉咙,又在前胸上扎出五六个小孔,用纸浸了煤油点火,伏在上面烧自己,最后在桥边跳入水中,一边还高叫着"老牛落水哉"。街坊邻居没有一个敢靠近,直到他落水后才将他救起,把他抬回到蓝门,在痛苦地熬了一夜之后,第二天他才终于闭上了眼。周作人记得,鲁迅《白光》里写他

是投水而死,其实那是经过加工了的。

在穆神庙的香火缭绕中,周作人看到穿着破旧长衫的明爷爷子京神情恍惚地朝着塔子桥跟跟跄跄地奔了过去,河水里仿佛忽间真的现出了一缕白光,像一条白蟒张开血盆大口,将子京一下吸了进去,又随着几片破碎的光影遁入到黑暗之中去了。那些惊叫声也随之慢慢弥散。石板路上的人影聚集在桥堍周围,然后像一圈圈水的波纹四散儿去。在远处,绍兴鳞次栉比的黑色建筑依旧矗立着,黑瓦上的曲线仍是连接着狭窄的天光,下面是一条发亮的河道,乌篷船缓缓游动,驶入了最后的拐角,便又不见一点踪迹了……

新的日子一个又一个来临着,生活并没有因为子京的投水而出现新的变化和转机,人们已渐渐将他遗忘,他的模样只是在最后一晃,稍稍变换了一下身姿,跟跄着,走入到鲁迅的小说中去了,和那些黑色的墨迹融化在一起,让那些文字一笔一划地把他的一生永远定格在那里,成为一具活灵活现的标本,供后人参观并沉思。

子京死于 1896 年,从"发狂"到落水惊吓而死大约经历了五年时间。

石板路上的破落人生

　　漫长的夏天来了，百草园里的野草在几场雨后开始疯狂地生长，绿色一片一片，有三四尺高。蟋蟀在曼妙地弹琴，各种各样的虫鸣此起彼伏。黄昏时分，高大的皂荚树那一团肥大的树影在荒草上蔓延，渐渐地与夜色融为一体。

　　东昌坊西头的栅门已经关闭，亭桥和塔子桥畔的喧闹声慢慢停息下来。也许十字街头东南角的德兴酒店还没有打烊，几位刚刚停船靠岸的船夫一边哼着绍兴戏文，一边走了进去，开口向店家要了鸡肫豆和盐豆，坐在长方板桌边的长凳上，端起高脚的浅酒碗，喝一口酒，同时将粗黑的大手伸向装着盐豆的黄沙粗碟。担轿的、打锡箔的、箍桶的、做木作的、做水泥作

的，各色人等早已经三三两两地喝着酒在那里闲谈了，店主人还不时地就谁家的风水发表一番意见。他们看见几个摇船的进来便高声地打起招呼，急切地打听着外面的新闻……

这些人中，往往就有四七伯的影子。破衣烂衫的他从来就不怕被人耻笑，一边慢条斯理地吃酒，一边找上什么人就开始滔滔不绝地吹牛。他的额头上新近又出现了一块隆起的瘀紫，不知是在何处耍了无赖，刚被别人痛打了一顿。对于店家故意的问讯，他并不理会，只道"上酒"，在一片欢笑声中，将一碗五加皮一饮而尽。此时的店老板并不怕他不给钱，一般来说，遭了一顿打，总能换几个钱回来的，这个大伙都知道。而且，只要四七一来，酒店的热闹总会持续得更长一些。

四七喝完了酒，身子晃动着站起来，两腿搅拌着迈向门外。夜幕四合，街两边那些破败简陋的瓦屋沉入黑暗之中。只有十字路口往西的一片房子的门前还悬挂着一盏长方形的玻璃灯，上面写着"清火洋烟"四个大字。在浓黑的夜幕中，这一盏灯就像长街上的一点鬼火，在恍惚间跳动。长长的石板路上散发的热气还没有消散，经年累月被行人的脚掌磨出的石板十分光滑，在幽暗的灯下闪着乌黑的光。四七走在上面，感觉脚底不停地打滑，像抹了油一般，几乎站立不住。他扶着墙慢慢地、东摇西晃地向那街上惟一的灯火处走去。那是一处大烟馆，黑天白天总在营业，到了晚上，整条街上只有这里亮着一盏灯。四七终于走到了门前，他迫不及待地钻了进去……

四七出来的时候，两眼放光，他觉得浑身又有了力气，走起路来格外地轻盈，甚至能在黑暗之中将长长的石板街看得清明。一只野猫从他头顶的瓦屋上凄惨地叫了一声，踩出咯咯的回声，迅速跑到屋脊的后面去了。四七伯并不害怕,他是有胆的人。有胆的人总可以横冲直撞的。喝酒需要胆,走夜路需要胆,便是写字,也需要胆——不过,那时以前的事了,写字这种事,本来就是没用的。倘若在夜路上遇到劫匪,会写几个字就能救命吗?四七觉得这个想法很可笑。忽然,他看见迎面闪出个人影,旧钉鞋踏在石板上发出"橐橐"的声音,那人并不看他,低着头从远处走来,打他身边走了过去。四七扭头盯视着他,脸上漾起神秘的怪笑。许是这人看见自己从烟馆里出来,断定是大烟鬼,便表现出连头都不抬一下的不屑吧,四七知道,即使在白天,谁见了他也都会诧异地盯视两眼的,那怪异的眼神好像碰到了鬼魅,恨不能跑得远远的,怕沾上什么晦气。他们都是周介孚的同党,总在心里骂他是"人不人,鬼不鬼"的怪物,那些话在周介孚的嘴里传出来,真是奇怪,总把别人当祸害的人难道就永不惹祸上身吗?怪物?谁是怪物还真不一定呢。想到此,他的鼻子哼唧了一声,是鄙夷别人的自傲。

从栅门上开着的小门里钻进东昌坊,很快便是园子了。里面早已是漆黑一片,虫子的交响正在嘹亮的时候,被四七身上唏唏簌簌的声音和拖沓的脚步声打断了,四周一片阒寂。四七向黑暗中的草丛看了一眼,并没有什么异样。相传这园子里面有一条大火练蛇,有扑灯光的本领,说不定还会钻进三四尺高的蒿草里,等有人进来一口将其吞没。四七从来就不怕这些传闻,他来去自如,沉着冷静,三晃两晃就钻进了东北角柴草堆的"三间头"——他的住处去了。没有灯,也用不着。这屋里除了柴草什么都没有,自己这一辈子真是活了个"白茫茫大地一片真干净"。四七在床上躺了下来,并不琢磨明天的吃食,而是哼着小曲,慢慢地睡去。

第二天天光一亮,像往往一样,四七看到有几个小脑袋从破旧半掩的门

缝里探进来,一边愣愣地眨巴眼睛,一边露出很钦佩的眼神,其中一个问:
"四七伯,昨晚看没看见火练蛇?"小孩子他是不愿意理的,只伸伸懒腰,随便
穿上用过冬的棉被赎回来破竹布衫,嚷了一声:"去,去,哪有什么火练蛇!"
小孩子们一哄而散。他打着哈欠,睡眼惺忪地开始扯起嗓子高声唱道:"我有
一把苗叶刀,能水战,能火战,也能夜战……哈哈",那嗓子嘶哑、苍凉,似叫,
似哭……惹得刚刚跑进百草园的孩子们嘻嘻地笑起来,他们觉得四七伯真
让人快活。

　　四七看他的脸相可以知道他是鸦片大瘾,又喜喝酒,每在傍晚常看见他
从外边回来,一手捏着尺许长的潮烟管,一手拿了一大"猫砦碗"的酒(砦当
是槽字的转变,指喂养动物的食器),身穿破旧龌龊的竹布长衫,头上歪戴了
一顶瘪进的瓜皮秋帽,十足一副瘪三气。但是据老辈说来,他并不是向来如
此的,有一个时候相当的漂亮,也有点能干,虽是不大肯务正路。(《鲁迅的故
家·百草园·四七》)

　　周作人寥寥几笔,便把大烟鬼四七的形神刻画了出来,曾经很"漂亮"过
的四七因为不务正路吸食了大烟,终于混到了与猫狗同类的地步,而那十足
的瘪三气说明他早已经不在乎。周作人弄不明白,像四七伯这样的人怎么就
会吸食鸦片上了瘾。他记得住宅和祠堂门口的匾额上,那二尺见方的大字就
是出自他的手笔,小时候看的时候总是仰着头,曾经是那么佩服过的。那上
面的大字还是祖父介孚公当年中进士、点翰林时让四七伯题写的,依照旧时
遗风,家中有这样的大喜事,总要在住宅和祠堂悬挂匾额的,字由四七伯题

写,足见家族对他的看重。字写得大气、漂亮,稳重之中还透出一股潇洒。相隔二十多年后,周作人与伯升在厅房里读书的时候,还曾请他写过字,虽然手抖得写不很好,但仍然能够看出他当年的底子。四七伯的才干大抵是有一点的,所以,后来祖父在江西任知县时曾带了他同去,但作为官亲,他的并不安分的一面很快表现了出来,不久便被祖父打发了回来。这段历史,周作人当然不会亲见,是从听别人那里听说的,或着就是祖父在骂四七伯时被他无意间记住的,他想不起来了。记得小的时候,祖父每每骂起不成才的子侄辈时,总要把四七和他的兄弟五十挂在嘴边,简直是骂得狗血喷头。兄弟两个一辈子没娶亲,都吃鸦片烟。所以,四七伯早年没有烟气、衣服整齐的漂亮样子是否存在过,周作人感到怀疑,也想象不出。自从吸上了鸦片烟,他竟把属于自己的屋子也典了出去。后来,就完全堕落为一个流氓了。是流氓就必然要无赖,欺负别人,但也要经常地遭到别人的殴打。遭打的时候还要禁得起,这样的事儿在绍兴居然还有行话形容,叫"受路足"。四七在家里虽不曾有过讹诈行为,但有一次吃了忌日酒,趁着醉意吹起了牛,对于自己的受路足的功夫十分得意,说被人打翻了又爬起,爬起了又被打翻在地。那种禁得起打得功夫恐怕也不是一朝半夕练就的。周作人曾经一度纳闷儿,如此穷苦之人,平日茶饭烟酒从何而来,听了他如此无赖的自白,大概也多少明白了一点。

冬天到了,寒风刮得越来越紧。枯黄的叶子被一片片吹落到地下,遮盖了百草园里的荒草与泥土。鸟儿很少来了,除了冷风掠过树梢发出的尖利呼啸外,园子里早已是一片空寂。这时候,"三间头"里发出凄凉的嚎叫:"冻杀哉,冻杀哉。"那是四七伯正扯着嗓子吼呢。现在,谁也不去管他了,就任他在

那里喊上一天。前几个冬天，好心人见他衣不蔽体，浑身瑟瑟发抖，给他送来了棉花褥，可不几天就被他送入了当铺。屋子里没有炉火，也没有去年的破棉被了，夜里冻得实在没法睡觉，四七就去瑟缩地坐在床上，用破棉袄裹住身子，将手脚包进去坐等天亮。

"冻杀哉，冻杀哉。"一连数天，四七伯的叫喊声一直持续着，只是声音似乎越来越虚弱了。终于，有一天，百草园那边忽然变得没有一丝声响，人们这才意识到可能出事了，赶快跑过去看，只见四七身体蜷曲着，已经僵硬，他皮包骨头的样子，就像一具骷髅……

那个冬天，周作人感到特别寒冷，四七伯的死并不算什么大事，随着时间的流逝，人们终会淡忘他的故事。然而，它总不像街头七月间的绍戏和目连戏那样给人带来快乐，它似有一层阴影，随着年龄的长大在心头逐渐蔓延开来，且与他以后看到的人间悲哀连成一片——四七伯只是那人间悲剧大戏里的一段苍凉、怪异的唱腔，一个无足轻重的丑角，在滑稽、甚或无赖的表演里，夹杂着酸楚、苦涩、无奈和人间给与他的无尽的鄙夷，四七无疑是一个旧时代陪葬的木乃伊。

三味书屋里的金色童年

　　"前世出家今在家，不将袍子换袈裟。""半是儒家半释家，光头更不着袈裟。"这都是周作人写的《知堂五十自寿诗》（林语堂编加题目，并刊发于他编辑的《人间世》半月刊）里的句子。每每想起那个传说，大概周作人脸上都会掠过一丝会心的微笑，也许正是这个时候，他信手写下了这两句诗。

　　他从来都不是迷信的人，但大人们讲起他的"来历"，似乎总有些说法，也许不过是对他未来前途的某种期许，小时候只当是讲故事，现在看来倒真的有些荒谬了。是啊，读书写作是一辈子的事，只因出生在那样的家庭，这与前生的注定又有什么关系？周作人一向认为自己的诞生是极其平凡的，"没有什么事先的

奇瑞,也没见恶的朕兆。"(《知堂回想录上·二 老人转世》)那是光绪甲申年十二月初一,即 1885 年 1 月 16 日。虽然那是中国历史上多难的一年,但尚未波及到偏远的地区,所以周作人说他是在"天下太平的空气中出世"的。

冬天的绍兴真冷,人们在瑟缩中为迎接一个新生儿的降生而里外忙碌着。夜很深了,一位同高祖的堂房的阿叔不知因为何事,出去夜游了许久,归来的时候已是夜半。他迈着疲劳的双腿缓缓地跨进了内堂大门。就在此刻,他依稀看到有一位白须的老人站在面前,颇有点仙风道骨的意思。待想定睛仔细观瞧时,老人倏忽间就不见了踪影……

后半夜,周家门内诞生了一个男婴,这位阿叔忽然想起了方才恍惚间看见的白须老人,仿佛大悟一般逢人便说:"这孩子是老和尚转世啊!"阿叔的话引起了人们喊喊喳喳的一番议论:"老和尚转世,不是'头世人'。这孩子命中注定,比那些头次做人什么也不懂的,要深谙人情世故,有出息!""不过,老和尚转世,总有点'特别',特别就不免顽梗,这……"真是有人欣喜有人忧。不过,对于这个"浪漫的传说",周作人自己还是颇喜欢的,大概老和尚的修行很合于他的性格吧,后来他还在梦中得过一首诗,隐约感到与禅院佛寺的关系,并抄录赠人:"偃息禅堂中,沐浴禅堂外,动止虽有殊,心闲故无碍。"

孩子出生后,祖父接到消息,恰巧一位榉姓的在旗京官来访,于是给他起了个名字,叫"榉寿"(这只是起名的一个传说,但周作人说过兄弟几个起名时似乎都有客人拜望其祖父,难免让人疑心不过是人为的巧合,大概这也是给孩子起名的一个"惯例"、一个"讲究"罢)。老和尚转世自不可信,后来很多次,周作人想到自己的出生,都不免记起"半是儒家半释家"的自况,不过,不管儒家还是佛家,都是读书、家庭、社会影响的结果,与转世有什么关系呢？苏轼曾有过"书到今生读已迟"的话，似乎在说明学问与前世读书的关系，但周作人记忆中的开蒙、读书，却只与三味书屋有着密切的联系。

当年在三味书屋，开始便学《中庸》，那影响了他一辈子的东西，似乎也没有让自己放下启蒙和反封建主义的思想，但似乎又与佛家的思想一起发挥着作用，终于使自己做成了并不遁迹于虚空的"隐士"，不管是真是假，不管是儒家的中庸还是佛家的中道，人的思想是复杂的，所受的影响哪里就能分得那么清？所谓厘清别人的思想，都是所谓学者们的事情，与自己并没有多大关系。自己只是个"杂家"而已。不过，周作人记得，自己发蒙后比别的孩子更善于学习，那倒是真的。小时候因为奶妈"滥竽充数"般的不负责任而造成的营养不良和身材瘦小，并没有影响到周作人的智商。

周作人出生的时候，恰是清光绪甲申年立春之前。甲申年在中国历史上可不是什么好年份，这一年，中法战争结束，中国签订了丧权辱国的屈辱条约。周作人因为自己的出生之年联想了很多，他在《立春以前·立春以前》写道："整三百年前流寇进北京，崇祯皇帝缢死在煤山。六十年前有马江之役，虽然没有怎么闹大，但是前有咸丰庚申之火烧圆明园，后有光绪庚子之联军入京，四十年间四五次的外患，差不多甲申居于中间。"但外患此时尚未波及周作人的故乡绍兴，他出生的时候，家境依然还是小康，所以，在一个殷实的封建大家庭里，孩子们依然享受着他们的"金色童年"。

在十字街头的游荡和娱园的快活日子过去之后，周作人便到三味书屋读书去了，这时候，他已经十一岁（有时他说是十二岁）。之前，自然也是读过书的，按乡间的规矩，小孩子六岁发蒙，在去三味书屋之前，周作人曾有过三位老师，但几乎没学到什么东西，一是年龄小，最重要的恐怕还是没遇到老

寿先生那样的好老师，而且以前的学习生活也不比三味书屋的那么快活和丰富多彩，所以读书究竟起于何时，居然记不得了，只回忆说："我自己是哪一年起头读的，已经记不清了，只记得从过的先生都是本家，最早的一位号叫花塍，是老秀才，他是吸鸦片烟的，终日躺在榻上，我无论如何总记不起他的站立的印象。第二个号子京，做的怪文章……第三个的名字可以不说，他是以杀尽革命党为职志的，言行暴力的人……但是从这三位先生我都没有学到什么东西。到了十一岁时，往三味书屋去附读，那才是正式读书的起头。"（《知堂文集·我学国文的经验》）

一张八仙桌被人搬到了三味书屋，使坐在旁边读书的周作人显得怪怪的。这真不像样子，哥哥樟寿（即鲁迅）来三味书屋时，家里是给他买了一张带两个抽屉的书桌的，而自己却要坐在一张没有抽屉的方桌边读书写字，别人见了不会笑话么。也许家里再没钱为他买一张书桌了。当母亲给他解释的时候，他就再不发表意见。他是一个性情顺和的孩子，遇事好商量，待人也谦和。书桌的事倒真没什么，只是长时间地消磨于百草园的娱乐没有了，不过，三味书屋的读书生活似乎也并不赖。

对于三味书屋名称的由来，周作人曾经在一篇文章的"附记"中做过考证：

关于三味书屋名称的意义，曾经请教过寿洙邻先生，据说古人有言，"书有三味"，经如米饭，史如肴馔，子如调味之料，他只记得大意如此，原名以及人名已忘记了。又说，那四字原是梁山舟手笔，文曰"三余书屋"，经他的曾祖改名"三味"，将"余"字换去，但如不细看，也并看不出什么挖补的痕迹。（《鲁三味书屋距百草园并不遥远,大概只有一箭路程,倘若那边的蝉声或云雀的叫声被顺风一吹,坐在屋里是完全可以听得见的。何况装模作样、摇头晃脑的读书时光也似乎并不十分难挨。周作人从百草园的故家每天随了哥哥鲁迅的身影往三味书屋跑,向东跑上二三百步,过了南北跨河的石桥,再往东一拐,便看见一扇朝北的黑油竹门,里面就是三味书屋了。有时,他们会在石桥上玩耍一会儿,偷偷地看穿着长衫的老寿先生慢条斯理地迈着方步踱进竹门,然后再拼命跑到各自学习的屋里,木桌前笔直地坐好,努力屏住急促的呼吸。教周作人读书的是小寿先生,趁先生不注意,他会朝惟一的同学寿禄年迅速地挤挤眼,吐吐舌头,捂住嘴偷笑。

三味书屋的书房是朝西的两间,"南边的较小,西北角一个圆洞门相通,里面靠东一部分有地板,上有小匾曰'停云小憩'……外边即靠北的一大间是老寿先生镜吾名怀鉴的书房,背后挂一张梅花鹿的画,上有匾曰'三味书屋'。"(《鲁迅的故家·百草园·三味书屋》)

周作人对老寿先生(寿镜吾)的印象十分清晰,记录得也十分生动有趣。最重要的是,在他眼里,老寿先生是一位中正朴实,又博学多闻的传统知识分子,当年鲁迅曾师从他读过《尔雅》,"这在全城的私塾里也是没有的事",最难能可贵的是,他还是一位十分开明、和蔼可亲的老人:

老寿先生是本城中极方正,质朴博学的人,可是并不严厉,他的书房可

以说是在同类私塾中顶开通明朗的一个。他不打人,不骂人,学生们都到小园里去玩的时候,他只大声叫道:"人都到哪里去了?"到得大家陆续溜回来,放开喉咙读书,先生自己也朗诵他心爱的赋,说什么'金叵罗,颠倒淋漓伊,千杯未醉荷……'这情形在《朝花夕拾》上描写得极好,替镜吾先生留下一个简笔的肖像。先生也替大学生改文章即是八股,可是没有听见他自己念过,桌上也不见《八铭塾钞》一类的东西,这是特别可以注意的事。先生律己严而待人宽,对学生不摆架子,所以觉得尊而可亲,如读赋时那么将头向后拗过去,拗过去,更着实有点幽默感。还有一回先生闭目养神,忽然举头大嚷道:"屋里一只鸟(都了切),屋里一只鸟!"大家都吃惊,以为先生着了魔,因为那里并没有什么鸟,经仔细检查,才知道有一匹死笨的蚊子定在先生的近视眼镜的玻璃外边哩。这蚊子不知是赶跑还是捉住了,总之先生大为学生所笑,他自己也不得不笑了。

《朝花夕拾》上说学生上学,对着那三味书屋和梅花鹿行礼,因为那里并没有至圣先师或什么排位,共拜两遍,第一次算是拜孔子,第二次是拜先生,那时先生便和蔼地在一旁答礼。行礼照例是"四跪四拜",先生站在右边,学生跪下叩首时据说算在孔子账上,可以不管,等站起作揖,先生也回揖,凡四揖礼毕。元旦学生走去贺年,到第二天老寿先生便来回拜,穿着褪色的红青棉外套(前清的袍套),手里拿着一叠名片,在堂前大声说道,"寿家拜岁"。伯宜公生病,医生用些新奇的药引,有一回要用三年以上的陈仓米,没有地方去找,老寿先生不知道从哪里弄到一两升,装在"钱搭"里,亲自肩着送来。他的日常行为便是如此,但在现今看去觉得古道可风,值得记载下来……(《鲁迅的故家·百草园·老寿先生》)

在周作人笔下，老寿先生是一位值得尊敬的传统知识分子，善良，高尚，并不迂腐。这些描写《从百草园到三味书屋》里的记录是十分一致的。但鲁迅通过写两个地点的转换，似乎在说童年的快乐生活被严厉的读书生活终结了，对比在全城中被称为最严厉的三味书屋，鲁迅对百草园的感情却是一种深深地怀恋，他写道：

我不知道为什么家里的人要将我送进书塾里去了，而且还是全城中称为最严厉的书塾。也许是因为拔何首乌毁了泥墙吧，也许是因为将砖头抛到间壁的梁家去了吧，也许是因为站在石井栏上跳了下来吧，……都无从知道。总而言之：我将不能常到百草园了。Ade，我的蟋蟀们！Ade，我的覆盆子们和木莲们！……

在童年的鲁迅心里，到私塾读书是家里的大人对做了错事的孩子的惩罚。也许，他是不想去读书的，因为他或许知道私塾的刻板与严厉，所以，他眼里的老寿先生的严厉，大概总有点先入之见吧。不过，与想象中的比，先生总还有和蔼的一面。我们看到，他的描述更是生动，想必凡是读过中学的中国人都会很熟悉的：

出门向东，不上半里，走过一道石桥，便是我的先生的家了。从一扇黑油的竹门进去，第三间是书房。中间挂着一块匾道：三味书屋；匾下面是一幅画，画着一只很肥大的梅花鹿伏在古树下。没有孔子牌位，我们便对着那匾和鹿行礼。第一次算是拜孔子，第二次算是拜先生。

第二次行礼时,先生便和蔼地在一旁答礼。他是一个高而瘦的老人,须发都花白了,还戴着大眼镜。我对他很恭敬,因为我早听到,他是本城中极方正,质朴,博学的人。

不知从那里听来的,东方朔也很渊博,他认识一种虫,名曰"怪哉",冤气所化,用酒一浇,就消释了。我很想详细地知道这故事,但阿长是不知道的,因为她毕竟不渊博。现在得到机会了,可以问先生。

"先生,'怪哉'这虫,是怎么一回事?……"我上了生书,将要退下来的时候,赶忙问。

"不知道!"他似乎很不高兴,脸上还有怒色了。

我才知道做学生是不应该问这些事的,只要读书,因为他是渊博的宿儒,决不至于不知道,所谓不知道者,乃是不愿意说。年纪比我大的人,往往如此,我遇见过好几回了。

我就只读书,正午习字,晚上对课。先生最初这几天对我很严厉,后来却好起来了,不过给我读的书渐渐加多,对课也渐渐地加上字去,从三言到五言,终于到七言。

三味书屋后面也有一个园,虽然小,但在那里也可以爬上花坛去折腊梅花,在地上或桂花树上寻蝉蜕。最好的工作是捉了苍蝇喂蚂蚁,静悄悄地没有声音。然而同窗们到园里的太多,太久,可就不行了,先生在书房里便大叫起来:"人都到那里去了!"

人们便一个一个陆续走回去;一同回去,也不行的。他有一条戒尺,但是不常用,也有罚跪的规则,但也不常用,普通总不过瞪几眼,大声道:

"读书!"

于是大家放开喉咙读一阵书，真是人声鼎沸。有念"仁远乎哉我欲仁斯仁至矣"的，有念"笑人齿缺曰狗窦大开"的，有念"上九潜龙勿用"的，有念"厥土下上上错厥贡苞茅橘柚"的……先生自己也念书。后来，我们的声音便低下去，静下去了，只有他还大声朗读着：

"铁如意，指挥倜傥，一坐皆惊呢……；金叵罗，颠倒淋漓噫，千杯未醉嗬……。"

我疑心这是极好的文章，因为读到这里，他总是微笑起来，而且将头仰起，摇着，向后面拗过去，拗过去。

先生读书入神的时候，于我们是很相宜的。有几个便用纸糊的盔甲套在指甲上做戏。我是画画儿，用一种叫作"荆川纸"的，蒙在小说的绣像上一个个描下来，像习字时候的影写一样。读的书多起来，画的画也多起来；书没有读成，画的成绩却不少了，最成片断的是《荡寇志》和《西游记》的绣像，都有一大本。后来，为要钱用，卖给一个有钱的同窗了。他的父亲是开锡箔店的；听说现在自己已经做了店主，而且快要升到绅士的地位了。这东西早已没有了罢。

但在周作人眼里，三味书屋的生活却并不完全是这样的。在他的笔下，三味书屋的生活也是快乐的，充满情趣的。

三味书屋萦绕着一种祥和而快乐的读书氛围，完全得益于老寿先生谦和、正直的为人和开明、宽容的授徒方式，即使学生犯了错，偶尔用腊梅枝去撩拨树上的蝉蜕被他看见，或者偷偷地画画，用纸糊的盔甲套在手指头上做戏，也是从来不罚跪的，只是把学生带到书房，拿了紫檀的戒方在左右手上

轻轻地扑五下,算是惩罚。很多年后,周作人在写一篇叫《体罚》(《看云集》)的文章时,还很感激地写了句"我的那位先生是通达的人"。鲁迅当年经常在先生读书入神的时候画画儿,画《荡寇志》和《西游记》,将"荆川纸"蒙在小说的绣像上一个一个描下来,最后成为几大本,老寿先生也并未责罚。不像别的私塾先生,打手心时要让学生将手被顶住桌脚;也不像仁房的伯文在乡下坐馆时,用竹枝抽学生的脊背,还要洒上擦牙齿的盐(那时候刷牙是用盐的);更不像立房的子京,把学生的耳朵放在门缝里夹。最可气的是三味书屋东边广思堂里绰号"矮癞胡"的王先生,不但打手心,学生上厕所还要抽"撒尿签"。周作人记得,为此,鲁迅还曾约了几位见义勇为的同学,待师生散去后,冲进"矮癞胡"的书房,把笔筒里的撒尿签全部撅折,将笔墨砚扔翻到地上,以示对他的惩罚。那可真是件开心的事儿,大家撅折了他的撒尿签,恨不得在上面撒上一泡尿。周作人还听说过老师让学生跪钱板和螺蛳壳的事,对这类体罚,他是深恶痛绝的。他感到很幸运,碰到了老寿先生这样的老师。

老寿先生虽然不用撒尿签,但也不是完全不处分学生,最严重的处分就是勒令退学。现在看来,退学的原因也许很可笑,但那时候却关系师道尊严。有一次,老寿太太做客回来,老寿先生帮着去从船里拿东西,恰被鲁迅的堂兄弟、中房的寿升看见了,随便说了句"先生帮师母拎香蓝哩",被先生听见,就命令他退学了。不管寿升的叔叔如何道歉说情,也不管用。还有一次,老先生的儿子鹏更岁考成绩不好,他便很是生气,立即说了一句"你不必再读书了",并把他的书册笔砚收了起来,捧着往屋里走。儿子一边跟在后面,一边苦苦哀求:"爹爹,我用功者,我用功者!"那时的鹏更也是秀才出身了,还要跟在父亲身后讨饶,那种狼狈相让看着他的孩子们从此少了几分对他的敬意。但这事儿也让幼小的周作人记住了读书上进有多么重要。

　　书房的上课很规律，周作人读得也很用心，虽然他说自己的成绩差得很，也不理解"人道敏政，地道敏树"的道理，但"所读的书我还清清楚楚地记得，是一本'上中'，即《中庸》的上半本，大约从'无忧者其唯文王乎'左近读起。书房里的功课是上午背书上书，读生书六十遍，写字；下午读书六十遍，傍晚不对课，讲唐诗一首。"（《知堂文集·我学国文的经验》）两年过去了，到了十三岁的年底，他已经读完了《论语》《孟子》《诗经》《易经》，还有《书经》的一部分。虽然他说"我总不会写，也看不懂书，至于礼教的精义尤其茫然"，虽然他们也经常唱"大学大学，屁股打得烂落！中庸中庸，屁股打得好种葱！"之类的歌谣，但作为最后一代传统知识分子，当年私塾的熏陶对他人生的影响还是至关重要的。很多当时并不理解的东西，在日后渐渐显露出它的强大影响力，乃至成为他一生很重要的精神背景之一。他后来有一些零散的回忆，谈到年少时读书的影响：

　　　　不佞小时候读《诗经》，若不能多背诵了解，但读到这几篇如《王风·彼黍离离》《中谷有蓷》《有兔爰爰》《唐风·山有枢》《桧风·隰有苌楚》，辄不禁怅然不乐……（《秉烛谈·读风臆补》）

　　　　小时候读贾谊《鵩鸟赋》，前面有两句云："庚子日斜兮鵩集余舍，止于坐隅兮貌甚闲暇。"心里觉得稀罕，这怪鸟的态度真怪。后来过了多少年，才明白过来，闲适原来是忧郁的东西……（《立春以前·风雨后谈·序》）

　　但较深的体悟都是后来的事了，当时，周作人还是喜欢《镜花缘》里林之

洋的冒险和多九公的神异,还有《山海经》、《十洲记》、《博物志》这些书,如九头鸟、一足牛,都让他感到一种持久而新鲜的吸引力,读那些书是多么愉快的事。不过,他在三味书屋时印象最为深刻的还是小孩子们的把戏,尤其是大家撺掇起来去惩治贺家武秀才那件事,似乎还宛在目前。住在绸缎弄的贺家武秀才向来为三味书屋的弟子们讨厌,有一次他们听说一个与三味书屋不相干的小学生被武秀才骂了或是打了,于是大家决定为之打抱不平,去一起报复武秀才。事情经过了周密的策划,大哥樟寿甚至还特意去从楼上把爷爷介孚公做知县时给金溪县民状挂过的腰刀拿了出来,藏在大褂子底下。刀是没开过刃的,但是打起架来落到谁的脑袋上,恐怕也会开个窟窿,还是相当有危险性的。这很符合鲁迅的战斗性格,他们是把自己看作了水泊梁山的英雄好汉了。但架没有打成,武秀才没有露面,事情也因此平息下来。这"实在还是三味书屋之大幸",周作人认为,他当时是很为老寿先生担心的,若闹起来,老寿先生的牌子恐怕要大受损伤,别人会认为他管教不严,虽然事实不是如此。但周作人还看到了这件事的另一个侧面,也许更为重要:"学生要打抱不平,还有点生气,正是书房的光荣,若是在广思堂受撒尿签的统治既久,一点没有反抗的精神,自然不会去闹事,却也变成了没有什么用出的人了。"周作人的性格虽然中庸,但他并不反对人身上的反抗精神,在他身上至少也存了一种类似反抗精神的倔劲。这大概也是浙东文化的一种滋养,对于绍兴历史上的人物,他说过他是最佩服大禹的,勾践的人格精神对他也有深刻影响。

小时候的玩伴是难忘的,他们的行为就像是可爱的儿童剧,而且是喜剧。那时候,他们也的确喜欢将身边的觉得可笑或怪异的人和事编排成故事剧,随便对其进行褒贬,且从中感到无比快乐。在三味书屋院子里那两株桂花树下,孩子们的"戏剧"经常上演。从家里到三味书屋的路上,广思堂的东边住着一家姓沈的,和周家还有点老亲戚,主人沈老八的样子长得很奇怪,头大身子矮。他家为了厌禳火灾,养了一只山羊,常常在路边吃刺苋,周作人小班的同学张翔耀等人每每想去骑它,却总是被看羊的独眼老婆子所骂,于是,沈老八便被孩子们想象成凶恶的巨人,带着他的山羊,占据一处岩穴,扰害平民百姓。有一个姓余的稍大点的同学由于身子长,脑袋显得小,于是大家称呼他"小头",似乎与"大头"的称呼相对立。还有一个人,在孩子们眼里似乎也十分可笑,那就是周作人祖父辈中最小的一个、被称作"廿八公公"的中房的芹侯,他"因为吸食鸦片的缘故,耸着两肩,仿佛在大衫底下横着一根棒似的"。在被孩子们戏剧化的过程中,"小头"和"耸肩"身上拥有许多"法力",一起去征服"大头"巨人:"小头从石窝缝中伸进头去窥探他的动静,耸肩等他出来,只用肩一夹,就把他装在肩窝里捉了出来。"(《鲁迅的故家·百草园·沈家山羊》)大头剧给周作人带来了无比的喜悦,相比之下,"打败"贺家武秀才的事倒并不那么使人十分的喜悦,因为那与现实的接触太近,其中总是掺杂了些恐惧和担心。其实,大头剧中的"耸肩"廿八公公在现实中是一个多么聪明的人物啊,学过英文,还会照相、修钟表,只可惜鸦片瘾太大,终于导致了他的潦倒不堪,也是个时代的悲剧吧,虽然在孩子们的编排下他是可爱的,他那耸得特别高的肩头永远留在了周作人的记忆里。

　　三味书屋那段读书日子用以后剩下的所有的日子来换都值得! 即便在当天放学后的晚上,许多白天的幻想和故事也依然在继续。这些事情令周作人兴奋不已。他记得有一段时间,天刚黑不久,鲁迅就上床,但并不早睡,而

是招呼几个小弟一起说故事。大家最感兴趣的是那些被描绘得美轮美奂、奇妙无穷的仙山。那是一个真正的童话世界。仙气缭绕的深山之巅有天然的琼楼玉宇,他们幻想居住在里面,有如象的巨蚁供他随意使唤,还有名字,叫阿赤或阿黑,它们都有神变的本事,还能炼玉补骨肉,起死回生。鲁迅讲《十洲》《洞冥》这些书,活灵活现,十分详细,周作人听着,就像进入了一个缥缈虚无、可以无所不能的神话世界。直到老年,周作人也承认,自己的想象力比不上哥哥鲁迅,且性格较平和,所以做不了小说。

那些故事让大家失去了睡意,他们睁大眼睛盯着鲁迅,期待还有更不可意料的情节出现。这时,父亲伯宜公往往走过来,说:"拙鸟飞过了!"孩子们知道大人的意思,他在提醒他们该睡觉了,否则就会变成愚拙的笨人了。于是,琼楼仙山只好去梦里寻找去了。周作人写过儿童生活的打油诗,就是记录了这个年纪的"夜晚乐事":

幻想山居亦大奇,相从赤豹与文狸,床头话久浑忘睡,一任眼前拙鸟飞。
(《鲁迅的故家·百草园·童话》)

这里还用了父亲让他们睡觉的"典故",但周作人的意思是:就是变成个笨人,也还是想把夜里的故事进行下去。孩子的心思跃然纸上。

周作人对私塾的生活充满了美好的回忆,尤其是对老寿先生,他是终生都怀着尊敬和纪念的。在他的许多文章中,都写到过这位他尊敬了一辈子的先生,其中一篇《寿先生》写得简短、平实,十分感人,看到老先生一生拮据,却不从俗的高洁人品,令人不由地肃然起敬,透过文字,我们似乎还感受到

周作人内心深处的一种感伤,这是对先生怀念的一种真情流露吧:

　　覆盆桥寿家,即是三味书屋,前清末年在绍兴东半城是相当闻名的。寿先生名怀鉴,字镜吾,是个老秀才,以教读为主,他的书房是有规矩而不严厉,一年四节,从读《大学》起至《尔雅》止,一律每节大洋两元,可是远近学生总是坐满一屋的。说也奇怪,学生中间并不曾出若干秀才举人,大抵只是读书识字而来,有大部分乃是商家子弟,有的还做着锡箔店的老板吧。寿先生教书与一般塾师有不同的一点,给学生上书时必先讲解一遍,大概只有一个例外,便是鲁迅读完"五经"和《周礼》之后,再读一部《尔雅》,这"初哉首基俶落权舆"一连串无可发挥,也只好读读而已。先生居家很是简朴,有一年夏天,只备一件夏布大衫,挂在书房墙壁上,他有两个成年儿子,一矮一长,父子三人外出时轮流用着,长的(先生身材也很高)觉得短一点,矮的穿了又很有点拖拖曳曳了。这已是光绪戊戌以前的事,寿先生的次子移居北京,现今住在三味书屋的已经都是孙辈,对于那时的事情什么都不能知道了。(《鲁迅的故家·园的内外·寿先生》)

　　老寿先生没有了,似乎高洁的古风也被他带走了,不在了。周作人记得,老寿先生从来不装出一副道学面孔,在人前摆架子。他持家严谨,对别人却很和气平易。有一件事足以说明他的性格,他的儿子进了秀才时,报单送到家里,他拿出三百文板方大钱来,门斗嫌少,他便说:你不满意,可以把秀才拿回去。他从不看异端的书,高兴了只独自仰头高吟:"金叵罗颠倒淋漓,千杯未醉荷,铁如意指挥倜傥,一座皆惊唉。"周作人经常拿他和自家的"庆爷

爷"椒生作比较，使他对真假道学做了如此判断："凡是品行恶劣的人，必定要装出一副道学面孔，而公正规矩，真正可以称得道学家的，却反是平易近人，一点都不摆什么架子。"所以，当后来，有人对鲁迅《从百草园到三味书屋》中所记录的先生与《怀旧》中"庸俗恶劣"的秃先生混为一谈时，周作人还专写文章予以澄清，并再次表示了对老寿先生的缅怀，大概在他心中，没有老寿先生，便没有三味书屋那些值得怀念的快乐时光：

　　现代的青年大都没有受过塾师的熏陶，这是一种幸福，但依据塞翁得马的规律，同时也不免是损失。私塾里的教法多是严厉繁琐得不合理的，往往养成逃学，不爱用功的习惯，能够避免这种境遇是很好的事，但因此不知道书房的情形，看小说或传记时便不很能了解。例如鲁迅在《朝花夕拾》里所讲三味书屋的先生，和《怀旧》里的秃先生不是一回事，这在文章的性质上，一是自述，一是小说，固然很明了，在所记事件上也一样的清楚，不可能混为一谈的。因为三味书屋是私塾，先生在家里开馆授徒，每节收束修若干，学生早出晚归，路近的中午也回家去吃饭，有钱人则设家塾，雇先生来教书，住在东家的家里，如秃先生那样，这完全是两种办法。鲁迅家里一直请不起先生，只是往先生家走读，所以三味书屋当是实在情状，《怀旧》的家塾则是虚拟的描写，乃是小说而非真的回忆，即如读夜书，非在家塾也是没有的事。有人讲鲁迅的故事，把这两件事团作一起，原因一半是由于不明白从前书房的区别，但是把人品迥不相同的两位先生当作一个人，未免对于三味书屋的老先生很是失敬了。……（《鲁迅的故家·园的内外·两种书房》）

寿先生,一个多么令人景仰的人!有一件事是周作人终生难忘的,那就是他父亲生病的时候,医生给开了很奇怪的药方,其中有"几年陈的陈仓米"等药引,很不好找到,寿先生听说了,便扛了一个盛着一升多老陈米的褡裢亲自送上门来——其实,药方里开的只是一两钱而已。这件事,永远刻在了周作人幼小的心灵上,使他对于判断一个人的人品有了一个不可更改的标准。这应该是他从三味书屋得到的最重要的东西了。

此外,还有什么留在了记忆深处?

祖父的背影

  1897 年(光绪二十三年),祖父周福清(字介孚、介甫)已经下了杭州府狱,周作人和祖父的姨太太潘氏为了照顾他的生活,在杭州的花牌楼住下来,每隔两三天就去看他一会。那真是一段难忘的日子啊。

  祖父介孚公只活了六十八岁。他也算是一个复杂而不幸的人了。他这一辈子,几乎从来没有佩服过什么人,要说有,大概也只有曾祖父苓年公一个人,至于佩服他什么,周作人没有记载,似乎也并不知道。他知道的是,打从记事儿起,祖父就不停地骂人,周作人认为这是绍兴师爷"学风"的遗留。他上骂慈禧老佛爷为"昏太后"、光绪皇帝是"呆皇帝",下骂本家子侄辈儿的五十、四七,还有老同年薛允升,说他简直是个"糊涂人"。即使自己的亲孙子鲁迅,若考了第二名,也会被大骂一通,斥责他不用功,不过从中倒是能看出他对鲁迅寄予了一些期望。但对他的潘姨太和小儿子凤升是不骂的,常说人本来就笨,做点笨事儿似可原谅。看来,祖父认为,他骂的都是值得骂的人,本该有出息、却仍然没出息、被他一骂说不定会变得有点出息的人。祖父就是这样一个怪人。

周作人对祖父的感情不是特别深。这倒不是因为当年差点儿在十字街头变成"小混混"时,被他老人家骂了一句"下贱相",实在是祖父对家庭没有什么重大贡献,相反最后倒成了拖累,甚至父亲的病死和他也有间接的关系。周作人对祖父的最大的感激也许是他教育后代的开明思维,不过,那也是他发蒙之后的事了。当然,十四岁时在杭州发生在自己心中的初恋旧事,若不是祖父的入狱,是绝不会出现的,那或许生命中就缺少了一道亮色,但也不妨说是缺少了一道阴霾。

祖父曾在京城做官,常年不回来,虽然不要家里的钱,但也没有给家里寄过一分钱。他的身边有一房姨太太姓潘,与祖父的小女儿同岁;还有一个已经死去的章姨太太所生的儿子伯升(即凤升,章姨太太早逝,归潘姨太收养)。一家人恐怕花销也不会太少。那时候曾祖母还在,老太太经常为此生他的气。即使他托了老乡捎回些吃的东西孝敬老太太,老太太也早已不感兴趣,总要说"谁要吃他这样的东西!为什么不寄一点银子来的呢"(《知堂回想录上·三 风暴的前后上》)。但重孙子辈的孩子们,当然包括周作人,却恨不得立刻就分来吃,因为那些蘑菇蜜饯、杏脯蜜枣、火腿之类正是小孩子解馋的东西。小时候的周作人想起在京城的祖父,就是盼望他能捎些好吃的东西回来,那是他喜欢的。除此之外,祖父的严厉和骂人总让他感觉到不愉快,在后

来与他朝夕相伴的日子里，祖父心中的不平之气总是给家族笼罩上一层阴影，没有几个人喜欢和他交流。他仿佛看到祖父正用力拉扯住一辆行走到悬崖边上的"家族马车"，车的前方已经无路可走，可是它的轮子仍在滚滚向前，深渊就在前方。没有人能帮助祖父，他老了，膂力不足，于是奋力挣扎中胸中积满了愤怒。这真是前清最后一代老腐儒家庭与精神的双重悲剧。难道祖父还不如一位居家的老太太——他自己的母亲更清楚世态吗？周作人听人说过，终日笔直地坐在紫檀的一字椅上的曾祖母在当年祖父考中进士、喜报的锣鼓在家门的大厅里响起时，却放声大哭："拆家者，拆家者！"（意为拆家败业了）后来，看祖父的一系列行迹，从做知县被参劾，到卖田产捐官、纳妾，再到科考案发，曾祖母的话真是预言啊，周作人对她不止是恭敬，简直就是佩服了。

对祖父科举和做官的经历，周作人有过记载：

介孚公本名致福，改名福清，光绪辛未由翰林院庶吉士散官，授编修，后来改放外官，这里还是散馆就外放，弄不大清楚，须得查家谱，但据平步青说，他考了就预备卷铺盖，说反正至少是个知县。最初选的是四川荣昌县，他嫌远不去，改选江西金溪县。翰林外放知县在前清叫做老虎班，是顶靠硬的，得缺容易，上司也比较优容，可是因此也容易闹出意见来，介孚公当然免不了这一例。那时上司大概不是科甲出身，为他所看不起，所以不久就同抚台闹了别扭，不知道做了多少年月，终于被参劾，被改为教官。他不情愿坐冷板凳去看守孔庙，便往北京考取内阁中书，一直在做京官，到了癸巳年丁忧，才告假回家去。（《鲁迅的故家·百草园·介孚公一》）

从这不多的文字中，可以看出周福清的脾气，倔强而自傲，而且并不深通官场潜规则，所以做官一直不顺利，终因母亲的去世告假返乡。

在清代，官员的父母去世必须回家守孝三年，称为"丁忧"。周作人的爷爷介孚公回家丁忧，是因为差一天八十岁的曾祖母去世了，时辰在岁末除夕。曾祖母被人称为"九太太"，因为曾祖父苓年公行九。这位九老太太也是个怪人，大抵是早年家庭严教的结果，给人的感觉是很严正的，平常，她总是端坐在房门口那把石硬的太师椅上，通年如此。这是周作人的印象。所以，自己的母亲死了，周福清自是不敢怠慢，何况还有那时严格的孝道在。平时老太太要动个火气，周福清大气儿也不敢出，虽然他对小辈们想骂就骂。再说，他几乎也没有在老太太跟前尽过孝，怠慢了恐怕让人多嘴说不是。那时候已经有了电报和轮船，周福清从接到电报到携家眷回家只用了不到一个月的时间。周作人还记得，给曾祖母过"五七"的那一天，爷爷突然大发脾气，估计是因为看到大家都没早起的缘故，缺少了对死者的孝敬，便急匆匆来到祖母和他住的屋里，用手狠狠地捶打床铺，一阵猛烈的震动把正在睡梦中的周作人弄醒了，吓得别人也都不敢吱声。大概发脾气也是表现一种孝道吧。看到把孙子捶醒了，身穿素服的祖父立即转身离去，将右手大拇指的指甲咬得嘎嘎作响。

春寒料峭，屋子里也冷嗖嗖的，祖父的愤怒穿过敞开的屋门，传到院子的上空，嗡嗡作响。堂屋里挂着画师叶雨香给曾祖母画的像，她眉间略带威严地看着来来往往的人。曾祖母要是还活着，此时也许会训斥祖父几句的。曾祖母只有看到重孙子时脸上才会露出慈祥的微笑，她岂能饶过恶狠狠地捶床把重孙子吵醒的儿子。"啊呀，阿宝，衣裳弄脏了呀。"不知怎的，周作人

记起鲁迅和曾祖母开的玩笑来——他看见坐在那里的曾祖母，便装作跌了跟头，一连几次，曾祖母总是很关切地说那一句话……比比祖父，她该是多么慈祥的人啊。

家族已经到了快要崩溃的时候。那时候的周作人自然不会意识到。他在快乐地读书、玩耍，沉浸在童年的欢乐中。

灾难是随着1893年的乡试来临的。那年，周作人9岁了。

曾祖母"百日"之后，祖父就前往苏州了。他走得颇有些神秘，别人以为他是去打官场的秋风，混混吃喝，或鼓捣个闲差，却不知他只是听了某几个亲友的主意，去找本年乡试的主考，为有钱的秀才中举人通关节去了。

秋天悄然降临，凉风慢慢刮走了夏季的暑气。厅房园里的罗汉松和枇杷树静静地伫立着，树荫在下午的时光开始变得浓重起来，拉长的阴影罩在树下的秋海棠上，忽然一阵小风吹过，那株月桂浓密的叶子便开始微微晃动。在树叶的缝隙间，天空看上去很蓝很高远。偶尔入耳的咝咝蝉声在时断时续中无力地与季节做最后的对抗。

那段时间，周作人与凤生叔在厅房里读书，读书的间歇，他们便关上厅房的门到园里玩耍。他喜欢从罗汉松下面埋着的两只"荫缸"里往外捞腐烂的树叶和瓦砾，那里面的积水黑黑的，散发着一种说不出的霉味儿。教书的是义房的伯文叔，没有考上秀才的他依旧是个文童，所以也并不严厉，全不像他后来出外就馆时做出的用竹枝抽打学生，还要往伤口上擦盐的恶劣行径。只要孩子们每天装装样子，不管能读进去多少，伯文叔好像并不太在意。

时间在散漫的读书声和玩耍的嬉戏声里慢慢地流逝着。

祖父回来不久，有一天，新台门外传来一片嘈杂的喧闹声，那声音异乎寻常,夹杂着人们的吆喝和吵闹。声音渐行渐近,终于听清楚了那最令周家人恐怖的一句:"捉拿犯官周福清!"话音刚落,一群差役便呼呼拉拉地闯进门来。远远地,看热闹的人聚集了一大群。

祖父被抓走了。接下来便是全家上下的一片混乱。大人们走来穿去,忙忙碌碌,有时交头接耳、喊喊喳喳,样子非常神秘。当时还唤作樠寿的周作人感到莫名其妙,他不知道为什么祖父会被抓走,几时才能回家来。他只能在人们的忙乱中无所事事地在院子里转悠,偷偷地看大人们的形色,不敢稍有多嘴。后来,他看见母亲回到屋里开始收拾东西,那里面似乎还有自己的衣物。父亲呆呆地坐在桌边的椅子上,面色灰暗,很久不动一下。哥哥樟寿(鲁迅)站在院子里,忽然之间便来回地疾走,他拿起地上的一段枯树枝,朝身边的树干狠狠地抽取,眼里露出犀利的光芒……

时间似乎一下子静止下来,沉闷、压抑的气氛笼罩着周家的宅院,久久不散。

天终于黑下来,被差出半天的仆人终于回来了,他走进厅堂,好像对父母说了句"一切都备好了",然后听了几句吩咐后又匆匆退出。小樠寿忽然明白,母亲忙了那么长时间,原来是要在当晚送他们去皇甫庄的外婆家,好暂时避一避突然降落在家中的灾难,以免再有什么麻烦纠缠到小孩子们身上。

这也算是逃难吧。

不过,外婆家很久不去了,能暂时抛开整天翻看的书本,快活地玩一段时间也是件令人高兴的事,这令樠寿没有想到。大舅父怡堂是个很喜欢孩子的人,对外甥们更是慈爱得很,小樠寿一想到能见到大舅父便是满心欢喜,只是他也是个抽大烟的人,整日坐在被帐子罩着的床上,难得见上一面。

他记得,到了外婆家不久,大概是年底吧,大舅父一家又迁居到小皋埠的娱园,虽已是荒芜的废园,但他获得的快乐简直足以回味一辈子,最让他难忘的是娱园里的郦表姐,舅父的独子娶亲的时候,几个表兄妹常聚在一起,郦表姐清脆的笑声便时常回荡在周作人的脑海里。有一次,大家都跑远了,他从床上拿起表姐的一件青纺绸衫穿在身上跳起舞来。后来,刚到日本的时候,在鲁迅寄宿的本乡汤岛二丁目的伏见馆,他看到赤脚为客人送茶的馆主妹子"乾荣子"时,心中忽然记起了自己的郦表姐——原来,对于郦表姐,他隐秘多年的情意始终不曾忘却啊。

不过,那时候他的"金色的童年"已经到了最后的阶段了。尽管娱园的记忆对于自己是快乐且足以珍藏一辈子的,然而鲁迅并不快乐,他似乎被谁说过是"要饭的",但周作人却没听到过。在鲁迅的《呐喊·自序》中有这样一句话:"有谁从小康人家而坠入困顿的么,我以为在这途路中,大概可以看见世人的真面目"。"要饭的"大抵也只是旁人的一句玩笑话,然而鲁迅是当真的。因为爷爷一个人的事儿,改变了多少人的命运啊。这就是佛家讲的万物因缘而生吧。

很久之后,周作人才明白祖父为什么被抓走,而且判了"斩监候"。祖父介孚公犯的是科场代人行贿罪。在当时的科场,这种事情多得很,可谓司空见惯。大家都心照不宣,对比官府自己的卖官鬻爵,大清王朝的江河日下,科场的这类投机取巧已经算不上什么腐败了。本来,负责查办此案的苏州知府王仁堪很想含糊了事,说周福清有精神病,可以免罪。偏偏祖父不吃这一套,力争自己并不是精神病,还把他知道的那些通了关节中了举人的人与事都抖搂了个遍,简直是迂腐到极点。结果,事情弄到不好收拾的田地,只能按行贿考官严办。这本是暗箱操作的事,千万别败露,一旦败露,便要严究,虽说这样的事儿多了,但谁败露算谁倒霉,因为即使是一座将倾的大厦,也要保持它表面虚伪的光鲜。大清的律例还在,就像一只被猎人遗忘在深山老林里上了锈的兽夹,主动碰上了,那也会被牢牢地卡住,甚至被困死在那里无人过问。想逃过一劫,那得先扒层皮。扒了皮,可以再想别的办法,律法嘛,那时完全能够用钱来换,只要你掏得起。不过,既然鸟出头了,被人看见了,那就得打,一打,便是财源滚滚来——这一招,对官府、官员甚至小吏都好使。周福清本来碰上了倒霉的事还有逃脱的可能,但他偏偏不识好歹,以致最后坐了八年监牢,弄了个几乎倾家荡产,大概很大一部分原因要归于他的性格的顽梗,他的愚鲁、偏狭、刻薄了。有一个例子更可见他性格的一面,那就是到了1901年正月,刑部尚书薛允升顾同年之谊,借"拳匪"自首被免罪的惯例,送了周福清一个准予释放的人情,然而他却并不领情,照样说人家是"糊涂人",这便是不知好歹了,碰上像他这样的真正的糊涂人,薛允升大概只能苦笑,怨自己费力不讨好了。至于周福清当年也是受人报复一说,本来无从可考,也就没有深究的必要了。

周作人后来记录下了爷爷周介孚当年"犯事"的经过:

那年乡试,浙江的主考是殷如璋和周锡恩……大概是六七月中,介孚公跑往苏州去拜访他们,因为都是什么同年,却为几个亲戚朋友去通关节,随即将出钱人所开一万两银子的期票封在信里,交跟班送到主考的船上去。那跟班是一个乡下人名叫徐福,因为学会打千请安,口说大人小的,以当"二爷"为职业,被雇带到苏州去办事,据说那时副主考正在主考船上谈天,主人

收到信不即拆看，先搁下了，打发送信的回去，那二爷嚷了起来，说里边有钱，怎么不给收条？这事便发觉了，送到江苏巡抚那里，交苏州府办理，介孚公知道不能躲藏，不久就去自首，移到杭州，住在司狱司里，一直监候了有七年，至辛丑一月，由刑部尚书薛允升附片奏请，依照庚子年刑部在狱人犯悉予宽免的例，准许释放，乃于是年二月回家，住在原来的地方。(《鲁迅的故家·百草园·介孚公二》)

　　周福清在杭州监狱里被监候的时候，周作人曾代替凤升(即伯升)和潘姨太一起伺候爷爷多时，那段时间，他回忆起来感情十分复杂，那是一段宁静中充满期待，甜蜜中又充满哀伤的日子，在杭州，周作人有了自己的"初恋"。这也该"感谢"爷爷吧，是他让自己认识了杭州的"三姑娘"。但那段时间太短暂了，不久，他就回到了故乡，又随了哥哥的足迹跑到南京水师学堂去了。

　　爷爷回家时，小儿凤升已经去了南京的江南水师学堂，其身边只剩了潘姨太太一个人，潘姨太太因为地位不好，经常做些损人不利己的事。而这些似乎使周福清恢复了他一贯的作风，对于家人仍是"咬了指甲恶骂诅咒"。在他回家到死去的四年之中，周作人很难想象家里的人如何与他相处。说到潘姨太，虽然说话办事总要引起些家庭风波，但周作人对他是很同情的，认为一个做姨太太的女人，对于家庭出现的矛盾从根本上讲不是她的责任："一夫多妻的家庭照例有许多风波，这责任当然该由男子去负，做妾的子女在竟遇上本是不幸，有些事情由机缘造成，怪不得她们……"(《鲁迅的故家·百草园·伯升》)伯升因为是庶出，地位上恐怕也不会高到哪里去。虽然在南京江南水师学堂学习不甚用功,但还是个聪明人,很能吃苦,平日总笑嘻嘻的;毕业后在船上工作,三十七岁死于上海。周作人对这位庶出的小叔并无恶感,只是觉得命运对他颇有不公。这都是封建时代一夫多妻制造成的弊端,所以,后来,周作人对于提高妇女的地位和人权下了大气力呼吁,也许是他亲见了许多由男人造成的家庭不幸吧。

祖父是一位封建家长,虽然娶了姨太太,但还是要像封建士大夫一样要"立德"、"立言"。"立德"如何很难测定,"立言"可是看得见、摸得着的。古代有著名的《颜氏家训》《朱子家训》,还有《曾文正公家书》,那可都是封建家长们管理家庭事务的秘笈啊,在道德文章之余,最不能忘怀的就是"三纲五常"之类的教训了。当然,那些书里有许多具有普世意义的中国人的核心价值观念,但是也有许多封建的糟粕。后世许多腐儒并不去分辨什么,而是也要学学先贤,做做样子,好像写上一本家训,便可以将自己的家庭管理的井井有条、内外和谐、风调雨顺,便可以做到"勤俭持家远,诗书继世长",其实大都不过是一相情愿、自作多情。尤其是自己做不了楷模,反而要让子孙去"一日三省吾身"、干干净净做人,按照"内圣外王"的标准来管理自己的欲望,那不是痴人说梦吗? 封建主义的东西,其虚伪就在这里。周福清那代人很难意识到,在父权的压抑下,他们虚弱的子孙要么就堕落下去,要么就奋起反抗,像鲁迅说的,因为是从旧营垒里来,所以最容易致敌于死命。所以,周福清也要依照先人的惯例,做一回在家庭里"立言"的人,他根本想不到他的两个孙子在不久之后的五四文化运动中对封建道统的反戈一击。那时,他写了一本《恒训》,从名字看,就表露了他希望自己的话能在子孙身上发挥永久作用的"苦口婆心"。虽然周作人多次提到他祖父的这本"大作",但它的命运又是如

何呢?

　　介孚公著有一卷《恒训》,大概是丙申年所写,是给予子孙的家训,原本已佚,只存鲁迅当时在南京的手抄本。这里边便留存有不少这类的话,此外是警戒后人勿信西医"戴冰帽",据他说戴者必死,这大抵是指因冰枕头或额上搁冰袋之类吧,还有旅行中须防匪人,勿露钱财,勿告诉姓名等事。这一本家训算来几乎全是白写,因为大家没有记得一条,没有发生一点效用。但是他的影响却也并不是全没有,小时候可以看小说,这一件事的好处我们确是承认,也是永不能忘的。还有一件事是饭后吃点心,他自己有这个习惯,所以小时候我们也容许而且叫吃, 这习惯也养成了, 往往在饭前吃这一个月饼时,午饭就要减少,若是照例吃过午饭之后来吃,那么一个两个都可以不成问题。后来鲁迅加以新的解说,戏称之曰"一起消化",五四后钱玄同往绍兴县馆谈天,饭后拿出点心来的时候,他便笑道:"一起消化么?"也总努力奉陪吃下一个的。(《鲁迅的故家·百草园·恒训》)

　　看来祖父的训诫事无巨细,大抵可以归为持家、做人、养生之类,然多数没被后人记下并遵命执行。祖父死后,家人在整理他的书籍时发现了他亲笔留下的一副挽联:"死后有知, 地下相逢多骨肉。生原无补, 世间何时立纲常!"他认为活着的人与自己并不亲近,而人世间的纲常已乱,即使活着,也再没有什么用处。看来,祖父早就看出了封建纲常土崩瓦解的命运,于无可奈何中平静地死去了。

　　对于祖父,周作人起初还是很同情的。倘不是贿赂事发,祖父的脾气也许不会再糟糕下去。何况，祖父对他们还是有流露慈爱的时候的。他记得，祖父在孙子们的读书上与别人所持的观念并不一样，他居然鼓励孙子们多读小说。这和他自己喜欢小说很有关系吧。祖父对于多读小说的看法其实很符合孩子的天性，周作人用过一个很恰切的比喻表达了他对读小说的喜爱："有如小孩手头有了几文钱，跑去买了些粽子糖炒豆花生米之属，东西虽粗，却吃得滋滋有味，与大人们揪住耳朵硬灌下去的汤药不同，即是那些药不无一点效应……后来也总不会再想去吃的。"（《知堂乙酉文编·小说的回忆》）这种美妙的读书回忆在别人是不多见的，"自旁门入"也是他颇为得意的一点，而这很得益于他的祖父的提倡，使他和鲁迅能够大胆而畅快地读小说，而不必只读四书五经之类的功课。所以，对祖父的这一点教诲他既感念又记忆深刻，而且多次写到过，他在后来回忆祖父时说：

　　我的祖父是光绪初年的翰林，在二十年前已经故去了，他不曾听到国语文学这些名称，但是他的教育法却很特别。他当然仍教子弟做诗文，唯第一步的方法是教人自由读书，尤其是奖励读小说，以为最能使人"通"，等到通了之后，再弄别的东西便无所不可了。他所保举的小说，是《西游记》《镜花缘》《儒林外史》这几种，这也就是我最初所读的书。（以前也曾念过"四子全书"，不过那只是"念"罢了。）（《泽泻集·镜花缘》）

　　祖父常常给小孩子讲《西游记》，最喜欢说的段落是孙猴子与二郎神打仗的故事，说孙猴子败走后化成破庙，尾巴没地方躲藏，只好变成一枝旗杆，树在庙后门，却终被二郎神看穿了把戏。祖父认为，孩子多看小说，等到弄通

了其文理，再读别的经书就自然容易。他不但这样说，还给与他们奖励。周作人认为祖父的看法是对的，而且很明智，认为他对教育孙子们读书的"特殊的一种意见"的确起到了很好的效果，他甚至说："我的对于汉文懂得一点，这乃是从祖父那里得来的。"（《知堂回想录·四二 老师二》）而且，他和鲁迅不但真的从中受益，在那时，也可以稍稍摆脱些四书五经之类的枯燥，而从阅读小说中获得更多的快乐。祖父虽然性情乖僻，喜欢骂人，但惟有培养孙子们读书这一条可圈可点，这对周作人的成长影响深远，以至于后来离家到南京的五年，他总结道，除了读新小说以外，自己别无什么可以说的国文的修养。

祖父不但喜欢给小孩子讲《西游记》，还喜欢和大人们讨论《西游记》，有时也不管别人愿不愿意。他因为经常批评人，并不得大家的待见，但要被他拉扯上，又没有办法，谁也不愿意无缘得来一通臭骂，所以大家也都讪讪地听着。惟有义房的"九老爷"藕琴害怕见到祖父，这位从小就在陕西韩城做事，后来当了人家幕友的前辈，自打退休回家就很少出门了，好像总在躲着什么，颇有些神秘。他带回来的夫人也是一口陕西腔，说话听起来有些别扭。他回家的时候，周福清也就刚从杭州的监狱里放出来大半年，所以，见面是难免的。祖父常常站在大堂前，和诚房的人聊天，凡是经过那里的人，也往往被他拉住加入闲聊的队伍。这事儿别人尚能忍受，对藕琴来说则好像是个苦差事了。有时候他要上大街，却不敢贸然出门，害怕被祖父周福清拉住，于是必须派儿子冠五先去看一看，假如周福清一直站在大堂前，他就一直等下去，有时出门的计划就不得不取消了。其实，据周作人讲，祖父周福清并不十分麻烦他，见了面只同他讲《西游记》，尤其是要讲猪八戒的故事，即使藕琴说有急事要走,也要被拉住说上几句。周作人后来才知道,祖父的大讲《西游记》是有用意的,意在讽刺衍生和衍太太"有乖伦常"的结合,在祖父看来,他们的事简直很可笑:"介甫公对于这事很是不满,不过因为事属暧昧,也只好用他暗喻的方法,加以讽刺,于是有在堂前讲《西游记》的事情,据族叔官五(别号观鱼)所记,所讲的是猪八戒游盘丝洞这一节,这故事如何活用,我因为没有听到过,无从确说,但总之是讽刺他们两个人的。虽然明知他们是怎样的人,而独深信他们说的话,这实在是不可理解的一个矛盾。"(《知堂回想录·二六 逃脱》)道学家的管闲事在此仍见一斑,只是没有了对家人的霸道,只能靠了讽刺来发泄心头的不满和鄙夷,这难道不比衍太太他们更为可笑吗?

藕琴自然了解周福清这一套,大概生怕惹火上身,或不愿给他当笑柄的机会,所以才老鼠见了猫似的远远躲开。这可真是一对有趣的人。藕琴到底怕祖父什么呢?周作人不清楚。大概祖父的遭遇和糟糕的脾气,是他最惧怕见面的原因吧。而祖父,显然在遭受了人生的巨大打击和监狱几年的精神折磨后,变得越来越不近人情和孤独寂寞了。看到儿媳妇鲁氏不顺眼,便将周作人叫过去,大讲某家子媳不孝敬公婆,赌钱看戏,最后下场悲惨的故事,借以指桑骂槐,说到激愤处,仍是咬得指甲嘎嘎响;看到祖母蒋氏不顺眼,则毫不客气地破口大骂,指其为"长毛嫂嫂"云云,好像当年她一家陷入太平军之手便浑身沾染了污脏一样。祖父成了这个样子,周作人便觉得他已经毫无威信可言了,对他除了同情怜悯之外,还多了一份嫌恶。祖父已经走到了生命的尽头。他心中的苦楚、一辈子的不得志,因为自己而导致的家境的没落,还有儿子伯宜的死,孙子椿寿的死,白发人送黑发人的悲剧,他难道就能淡然

视之吗？谁也不知道。也许，在他内心深处从来就不曾淡然视之过，他只能将潜在的自责迁怒于别人，以获得声色俱厉掩饰下的自尊。他把所有的不满发泄出来，是因为他从不反躬自问，他怕看到自己内心的真实。于是，他的痛苦变成了唠叨、无聊的叙谈，变成了老顽童似的精神自慰，变成了无穷无尽的对自我的逃避和对他人的指斥，在这种混杂着各种因素的纠缠与折磨中，他无奈地死去了，留下了一个并不被人时时念起的古怪的背影——瘦削的、穿了一袭黑色长衫的背影，身上背负着一个时代巨大而黑暗的阴霾——他被其最终吞没于地平线下，只留下一条荒草丛生的泥泞之路。

1904 年 5 月，天已经热起来了，周作人的祖父周福清却病了，好像是感冒，但精神尚好，还是常常动气。家人于是又将"名医"何廉臣请来为之把脉、看舌苔。何廉臣就是当年曾为周作人的父亲看过病，被鲁迅在《父亲的病》一文中记录在档的那位庸医。不过，这次却表现得有点"神"，也出乎大家的意料，他看过之后，对周福清说："你可以准备后事了。"介孚公听了，表情十分平静，他吩咐家人把同辈的熊三公公请来，托付道："人总是要死的，我年六十八，不算短寿，也可以了。如今家境不太好，办后事量力而为吧！总要为活人着想，丧事从简。"随后，他写完了最后一篇日记，就躺在床上不再起来。农历六月初一这一天，他对随侍在身边的孙子周建人说了句："我起不来了。"当晚即熟睡过去，没有醒来，神态很安详（据钱理群《周作人传》）。对于祖父死后办丧事的情景，周作人记忆很清晰，因为长子早死，长孙树人远在日本，伯升又是庶出，所以主持的重担便落在了周作人身上。他不想记录那些琐碎的"排场"，只聊聊数笔描绘了祖父死之前后的凄凉和寂寞：

祖父当时六十八岁，个子很是魁梧，身体向来似乎颇好的，却不知道生的是什么病，总之是发高烧，没有几天便不行了。他辈分高，年纪老，在本台门即是本家合住的邸宅里要算是最长辈了，亲丁也不少，但是因为脾气乖张的关系，弄得很是尴尬，所以他的死是相当的寂寞的。(《知堂回想录·四八 祖父之丧》)

　　祖父的一生就这样画上了一个悲凉的句号。死时，终于算是做了一回让别人安生的明白人。

杭州:初恋的记忆

"关于杭州,无论在日记上,无论在记忆上,总想不起有什么很好的回忆来,因为当时的背景实在太惨淡了。"(《知堂回想录上·十四 杭州》)

1897年正月,周作人父亲周伯宜去世后的第二年,因为祖父和潘姨太(名大凤,周作人的文章中对其称呼不一,有时又称为"宋姨太太")的儿子伯升(其母章氏早逝,归潘姨太领管)去了南京,周作人作为补缺,到杭州陪侍因科考贿赂案发被光绪皇帝钦判了斩监侯,羁押在杭州府狱里的祖父周福清。虽是一段背景惨淡的日子,但却发生了一件让他纪念终生的事情,那就是他的初恋。

没有什么很好的回忆,也许,这是真的,一个孤独的少年,在家庭败落的当口跑到异地孤单地陪侍羁押在狱中的祖父,又遭遇了酸涩的初恋,那单相思的对象最终因为染病死亡,这是何等的悲哀啊。可以说,杭州前后的经历在周作人的性格中逐渐渗进了终身不能摆脱的冷漠与孤傲。

清冷的空气拂过少年寂寥的心,杭州城或寂静或喧闹的场景都恍惚沉入流逝的梦中,难辨一丝清晰的踪影。周作人和潘姨太住在一个叫花牌楼的地方,那里离处决犯人的清波门头不远,就像在家人的常年揪着的一颗心里,祖父离死亡很近一样。附近并没有什么牌楼,只是普通的一条小巷迤逦蜿蜒到城市的深处。沿着巷子走,会看见"塔儿头"和零零落落的几家店铺,还有一所银元局,院里高高地矗立着一根大烟囱,在很远的地方都能看得见。不过,"这地点的好处是离开杭州府署很近,因为祖父便关在杭州府的司狱司里,我每隔三四天去看他一回,陪他坐到下午方才回来。"(《知堂回想录上·十四 杭州》)

花牌楼的日子很闲散,也很寂寞。大概是初到一个新的环境,什么都不太习惯的缘故,周作人对那段生活的记录几乎没有多少欣喜可言:

花牌楼的房屋,是杭州那时候标准的市房的格式。临街一道墙门,里边是狭长的一个两家公用的院子,随后双扇的宅门,平常有两扇向外开的半截板门关着。里面一间算是堂屋,后面一间稍小,北头装着楼梯,这底下有一副板床,是仆人晚上来住宿的床位,右首北向有两扇板窗,对窗一顶板桌,我白天便在这里用功,到晚上就让给仆人用了。后面三分之二是厨房,其三分之一乃是一个小院子,与东邻隔篱相对。走上楼梯去,半间屋子是女佣的宿所,

前边一间是主妇的,我便寄宿在那里东边南窗。一天的饭食,是早上吃汤泡饭,这是浙西一代的习惯,因为早上起来得晚,只将隔日的剩饭开水泡了来吃,若是在绍兴则一日三餐,必须从头来煮的。寓中只煮两顿饭,菜则由仆人做了送来,供中午及晚餐之用。在家里住惯了,虽是个破落的"台门",到底房屋是不少,况且更有"百草园"的园地,十足有地方够玩耍,如今拘在小楼里边,这生活是够单调气闷的了。然而不久也就习惯了。前楼的窗只能看见狭长的小院子,无法利用,后窗却可以望得很远,偶然有一二行人走过去。这地方有一个小土堆,本地人把它当作山看,叫做"狗儿山",不过日夕相望,看来看去也还是一个土堆,没有什么可看的地方,花牌楼寓居的景色,所可描写的大约不过如此。(《知堂回想录上·十五花牌楼上》)

住在花牌楼里还有许多烦恼的事,其一就是被臭虫咬,既痛又痒,身上还要起红肿的疙瘩。周作人天天在床上找,尤其是帐子的四角和两扇的缝合处,他把一只成了凉水的脸盆放在地上,用手将臭虫拨到里面,水面一会儿就浮满了那令人讨厌的家伙。另一件事就是挨饿。十二三岁的少年,正是生长的时候,每天的一顿稀饭和两顿干饭实在不够吃,除了每天下午定例的一回一条糕干,别的点心是没有的,不像在绍兴家里那会儿。周作人只好自己想办法:"没有别的办法,我就来偷冷饭吃,独自到灶头,从挂着的饭篮内拣大块的饭直往嘴里送,这淡饭的滋味简直无物可比,可以说是一生吃过的东西里的最美味吧。"(《同上》)可见当时真是饿极了。这事情很快被潘姨太发觉了,知道是周作人偷吃了,却故意对女仆宋妈说:"这也是奇怪的,怎么饭篮悬挂空中,猫儿会来偷吃去了呢?"本来这是俏皮的挖苦话,可是引起了周作人的反感,他心想,必要的时候就继续偷吃下去,你自管去说,我才不管那一套!好在宋妈很有些侠气,看到周作人孤露无依,常给把自己做的"六谷糊"给他吃,玉米面加上白薯块,虽是乡下人的饭食,但周作人觉得很香甜。另外,周作人对潘姨太也并没有恶感,她人并不坏,只是地位造成了某些让人不喜欢的性格。因为是北京人,喜欢京剧,有时不知从哪里弄来《二进宫》这样的石印戏本,不会徒手写字,周作人便帮她描一本,自己也按上面的小字抄一本。潘姨太和自己的小姑姑同岁(1868年生),住在花牌楼的时候也不过刚过三十岁。一个三十岁的女人陪着一个在监狱里的老头虚耗青春,其内心深藏的连她自己都难以发现的凄楚,在周作人心里生发出许多同情,继而渐渐成为他关注旧时代妇女命运的一个活例。

花牌楼的时光流动得不能在缓慢了,有时让人感觉似乎静止了一般,即是在后窗的狗儿山下伫立很久也出现不了一个行人。周作人每天都在想念百草园,想念哥哥、三味书屋和那些快乐的日子,他不知道在杭州究竟要呆多久,他只有听从家里的安排,在孤寂中打发看不到头的时光。每天吃过饭,太阳照进窗户的时候,他就坐下来读书,在书中寻找乐趣和慰藉,他读《陶庵梦忆》,读《长物志》,读《槎上老舌》,还有《於越三不朽图赞》和《琅嬛文集》,记忆最深的当是石印的《阅微草堂笔记》和小本的《淞隐漫录》,都是颇为有趣的闲书。看书的间歇,他便提笔描字。一边仔细谛听着三姑娘的脚步声。不知为什么,他读书总有走神的时候,那是希望看到三姑娘的笑脸在虚掩的门里突然闪现,她的怀里总抱着一只听话的猫,有时,周作人真想也抱过来,感觉一下它那毛茸茸的温暖和微微抖颤的身躯。

近两年的日子就这样一天天过着。花牌楼一楼一底的房屋和小天井与

东邻相隔的竹笆已经熟悉的不能再熟悉了。住在楼下的男仆阮元甫是个很漂亮、很忠实的人，他是专门伺候祖父的，而且每天一早就出门，为祖父预备早点，随后去集市买菜，下午还要去坐茶馆、买什物，所以没有多少机会和他聊天。周作人只好自己用功，楼下有经书，有笔墨，逢三六九便要拿上功课到府狱里给祖父批改。小的时候，自己总是贪玩，没怎么用功读书。现在，祖父虽身在监狱，对他的功课却抓得很紧，见面的时候，又是指导读书，又是查作业，又是讲典故，周作人都一丝不苟地听着、做着。祖父对他很满意，开始夸赞他，说櫆寿既聪明又肯用功，比伯升强多了。周作人感到了很大的满足。但除了这些事，漫长的一天真是很难挨。看祖父的次数多了，他已认了不少路，后来基本独自前往。走出墙门往西有一条十字街，两边很多店铺，他喜欢在那里多逛上一会儿。不知走过几条路，便会来到监狱里祖父住的小院落。在一百多次探视中，监狱的情形也早已了然于心。自己不过是陪侍祖父坐监的孙儿而已，祖父的脾气似乎好了些，虽然也有咬了指甲骂人的时候，但从不对孙子发火，每日上午默念《金刚经》多遍，之后是写日记，吃过午饭还要去串门，在狱神祠和狱卒聊天。但那些仿佛没有多少意义，对他真正有意义，使他一生没能忘怀的只是与三姑娘的相识。

那时我十四岁，她大约是十三岁罢。我跟着祖父的妾宋姨太太寄寓在杭州的花牌楼，间壁住着一家姚姓，她便是那家的女儿。她本姓杨，住在清波门头，大约因为行三，人家都称她作三姑娘。姚家老夫妇没有子女，便认她做干女儿，一个月里有二十多天住在他们家里，宋姨太太和远邻的羊肉店石家的媳妇虽然很说得来，与姚宅的老妇却感情很坏，彼此都不交口，但是三姑娘并不管这些事,仍旧推进门来游嬉。她大抵先到楼上去,同宋姨太太搭赸一回,随后走下楼来,站在我同仆人阮升公用的一张板棹旁边,抱着名叫"三花"的一只大猫,看我映写陆润庠的木刻的字帖。

我不曾和她谈过一句话,也不曾仔细的看过她的面貌与姿态,大约我在那时已经很是近视,但是还有一层缘故,虽然非意识的对于她很是感到亲近,一面却似乎为她的光辉所掩,开不起眼来去端详她了。在此刻回想起来,仿佛是一个尖面庞,乌眼睛,瘦小身材,而且有尖小的脚的少女,并没有什么殊胜的地方,但在我的性的生活里总是第一个人,使我于自己以外感到对于别人的爱着,引起我没有明了的性的概念的对于异性的恋慕的第一个人了。

我在那时候当然是"丑小鸭",自己也是知道的,但是终不以此而减灭我的热情。每逢她抱着猫来看我写字,我便不自觉的振作起来,用了平常所无的努力去映写,感着一种无所希求的迷濛的喜乐。并不问她是否爱我,或者也还不知道自己是爱着她,总之对于她的存在感到亲近喜悦,并且愿为她有所尽力,这是当时实在的心情,也是她所给我的赐物了。在她是怎样不能知道,自己的情绪大约只是淡淡的一种恋慕,始终没有想到男女夫妇的问题。有一天晚上,宋姨太太忽然又发表对于姚姓的憎恨,末了说道:

"阿三那小东西,也不是好东西,将来总要流落到拱辰桥去做婊子的。"

我不很明白做婊子这些是什么事情,但当时听了心里想道,"她如果真是流落做了婊子,我必定去救她出来。"

大半年的光阴这样的消费过去了。到了七八月里因为母亲生病,我便离开杭州回家去了。一个月以后,阮升告假回去,顺便到我家里,说起花牌楼的事情,说道,"杨家的三姑娘患霍乱死了。"

我那时也很觉得不快，想象她的悲惨的死相，但同时却又似乎很是安静，仿佛心里有一块大石头已经放下了。

十年九月。(《知堂文集·夏夜梦抄·六 初恋》)

周作人并没有忘记姚三姑，直至 1946 年至 1947 年间，还在南京老虎桥监狱里写诗怀念，诗云:"吾怀花牌楼，难忘诸妇女。……佣妇有宋媪，一再丧其侣。最后从轿夫，肩头肉成阜。数月一来见，呐呐语不吐。但言生意薄，各不能相顾。隔壁姚氏妪，土著操杭语。老年苦孤独，瘦影行踽踽。留得干女儿，盈盈十四五。家住清波门，随意自来去。天时入夏秋，恶疾猛如虎。婉娈杨三姑，一日归黄土。……"(《知堂杂诗抄·丙戌丁亥杂诗·花牌楼》)

周作人为死去的三姑娘写过一首诗:

那高楼上的半年，

她给我的多少烦恼。

只如无心的春风，

吹过一颗青青的小草，

她飘然的过去了，

却吹开了我的花朵。

我不怨她的无情，

长怀抱着她那神秘的痴笑。(《过去的生命·高楼》)

周作人写过一首诗《她们》，可以看出他对自己爱恋过的女人，包括三姑娘在内的怀念：

我有过三个恋人，

虽然她们都不知道。

她们无意地却给了我许多：

有的教我爱恋，

有的教我嫉妒，

我都感谢她们，

谢她给我这苦甜的杯。

她未嫁而死，

她既嫁而死，

她不知流落在什么地方，

我无心再去找她了。

养活在我的心窝里，

三个恋人的她却还是健在。

她的照相在母亲那里，

我不敢去要了来看。

她俩的面庞都忘记了，

只留下一个朦胧的姿态，

但是这朦胧的却最牵引我的情思。

我愈是记不清了，

我也就愈不能忘记她了。(《过去的生命·她们》)

许多年以后,周作人轻描淡写地概括了他在杭州生活的日子:

我的写日记,开始于戊戌(一八九八)年正月二十八日,以后断断续续的记到现在,已经有六十三年了。关于杭州,无论在日记上,无论在记忆上,总想不起什么很好的回忆来,因为当时的背景实在是太惨淡了。只记得新年的时候(大概是戊戌,但当时还没有记日记,)同了仆人阮标曾到梅花碑和城隍山一游,四月初八那天游过西湖,日记里有记载,也只是左公祠和岳坟这两处,别的地方都不曾去。我的杭州的印象,所以除花牌楼塔儿头以外,便只是那么一些而已。(《知堂回想录上·十四 杭州》)

1898年即戊戌年的五月初七,一大早,告假返越的仆人阮标匆匆离开了花牌楼,周作人在他临行前嘱咐他顺便捎几部书回来,但到了十二日阮标归来并没有拿什么书,却告诉她鲁老夫人病了,让周作人回乡探望。十七日,周作人他上了回家的旅途,从此再没有回到花牌楼。回到家的周作人才知道,母亲并没有生病,实在是挂念儿子,才找了托词叫他回来。虽然周作人见了母亲和两个弟弟都安好,不禁欢然,但是他从此再也见不到自己喜欢的三姑娘了。"我与花牌楼作别,已经有六十多年了。可是我一直总没有忘记那地方……"周作人前后所言矛盾吗,不,因为他对那里所怀的感情是复杂的,也是别人难以揣度的。

父亲的病与死

　　鲁迅和周作人都曾经写到他们的父亲伯宜公。父亲还是比较开明的,他听母亲说过,伯宜公对于四个儿子的前途很是关心,他曾经在甲午秋冬之际面带忧色地谈过国事,对于左宝贵的战死颇为同情,便说将来要送一个儿子到西洋去,送一个儿子到东洋去。这决心也许并不是限于口头上的,几次乡试的未中,大概真的使他对科举丧失了许多信心。可是,他终没有看到去东洋学习的儿子最后仍选择了与文字打交道的生涯,如果见到,他或许是不能理解的,因为他的心中似乎也隐约出现过西洋和东洋之学可以兴邦强国的想法,但那些东西除了枪炮的厉害外,还有无其他的价值,他并不十分明了。

绍兴背影：品读周作人
Shaoxingbeiyingpinduzhouzuoren

　　周作人对父亲的记忆并不是很多，他甚至不记得自己的妹妹瑞姑死去的时候父亲那伤心的表情。在他的印象中，父亲的面孔虽然经常是严肃的，不苟言笑的，但从未打过小孩，要是喝了一点酒，还会给孩子们讲故事听。小的时候，周作人喜欢一大早跑到父亲那里扒翻他从杭州乡试带回的木箱子，那里面藏着好多玩具，大概都是日本的制品。有一件吸引了周作人的目光，那是用赤金纸做的腰圆厚纸片，顶上有红线，两边各写着"金千两"的字样。还有，就是几张紫砂做的小盘，是家中用来盛月饼的碟子。周氏几个兄弟便拿出来做游戏、过家家，绍兴的俗语称作"办人家"。那时候，孩子们天真无邪的笑声在百草园中回荡。

　　父亲是吸过鸦片的，他经常躺在那张小床上吞云吐雾。后来病了，也是长时间地躺在那张小床上。父亲吸食鸦片都是本家中房的子传夫妇引诱的结果，父亲不会煮烟，他们居然还给代办，被称为"衍太太"的子传的夫人虽然很能干，但就引诱父亲吸食鸦片一事，就引起了鲁迅的极度反感。周作人那时候还小，并不知道鸦片的危害，他只在缭绕的烟雾中看着父亲仿佛陶醉、又仿佛若有所思的神情。很多时候，他倒希望父亲喝点酒，因为几杯下去，父亲便会讲故事给小孩子听了，后来，他记录下了听父亲讲故事的情景：

　　伯宜公的晚酌，坐在床前四仙桌的旁边，这记忆比他的吃烟还要明了。他的酒量，据小时候的印象来说似乎很大，但计算起来，他喝黄酒不过一斤吧，夏天喝白酒时用的磁壶也装不下四两，大概他只是爱喝而已。除了过年以外，我们不记得同他吃过饭，他总是单吃，因为要先喝酒，所以吃饭的时间不能和别人的一致。平常吃酒起头的时候总是兴致很好，有时给小孩子们讲故事,又把他下酒的水果分给一点吃,但是酒喝得多了,脸色渐变青白,话也少下去了,小孩便渐渐走散,因为他醉了就不大高兴。他所讲的故事以《聊斋》为多,好听的过后就忘了,只有一则"野狗猪"却一直记得,这与后来自己从《夜谈随录》看来的戴髑髅的女鬼,至今想起来还觉得可怕。因此我觉得在文学艺术上,恐怖的分子最为不好,于人有害……(《鲁迅的故家·百草园·烟与酒》)

　　父亲的故事总是在晚上喝酒的时候开讲,若是鬼故事,小櫆寿总要将眼睛盯住窗外,真害怕有鬼从黑漆漆的院子里吹起一阵凉嗖嗖的妖风,然后破门而入。但那样的事情从来没有发生过。鬼故事大概都是父亲从古书里看来的, 其实他从来不信有鬼的, 这种唯物的观点对周作人和鲁迅从小就有影响。不过,父亲曾经给他们讲过他所见的"马面鬼"的故事倒多少有一点幽默的成分。光绪初年,有一回,他去亲戚家吃酒,回来的时候已过半夜,他提着一盏灯笼独自走着,走进一条小里弄的时候,忽然看见前方不远站着一个矮鬼,身长只有三尺,窄而长的脸却有一尺多,还有很长的头发披散在两边。他心想,这回可真有运气,总算碰上了一次鬼,就径直走向前去。那"鬼"并不回避,依然站在那里,等他走得很近了,举起灯笼在鬼面上一照,那"鬼"才忽然呼地一声转头跑了——原来竟是一匹白马, 站在半塌了的泥墙的缺口间伸头来回观望,后面则是一处废弃的园子。父亲对他说:"我好容易见到了马面鬼,就只可惜乃是一匹真的马。"鲁迅也曾对别人说过见到鬼的事,也是在走夜路的时候,远远见到一个穿白衣的鬼在慢慢漂移,不信鬼的他走上前去使劲踢了那鬼一脚,却原来是个能发出人叫的盗墓者。

那些个夜晚美妙而有趣，鬼故事从来都是最吸引小孩子的，樾寿总想让父亲多讲几个。但父亲的话慢慢少下去，不知是酒劲儿上来了，还是总有些愁苦的事情逐渐泛上心头，总之，故事就在这时候结束了，樾寿只好默默地离开，睡觉去。

会讲故事的父亲在樾寿眼里是和蔼的，在对孩子们学业的要求上也体现了这种和蔼，他并不逼他们研习八股，这好像也是从祖父那里继承的传统。在学业上，孩子保持了相对的自由，眼界的开阔在父亲看来非常重要。周作人记得有一次，他们兄弟三人商量把压岁钱凑在一起，合买了一本《海仙画谱》，鲁迅把这件事说给父亲听，父亲很感兴趣，说拿来我看看。他一页一页地翻动着，表情很投入，似乎没有见过如此有趣的东西。他看了很久，然后将书默默地递给鲁迅，没有说什么。兄弟们从父亲那里的了默许，在以后的日子里看杂书的机会便多起来，而且并不害怕父亲说他们不务正业了。此后，鲁迅看《山海经》《三国》《西游》《镜花缘》之类的家藏闲书更是肆无忌惮，他还花很多时间描摹《荡寇志》的绣像，抄陆羽的《茶经》、陆龟蒙的《耒耜经》等花木类的谱录，直到辛亥年父亲去世很久了，这习惯都没有改变过，大概这些书逐渐培养起了他超拔的想象力。

在周作人眼里，父亲又是宽容的。鲁迅曾经画了许多漫画，怕父亲看见，便塞在小床的垫被底下，以为很保险。不料被父亲无意中发现了，翻开看时，有一副画着一个人倒在地上，胸前刺着一支箭，上面题着"射死八斤"几个字。八斤是隔壁沈四太太家的孩子，比鲁迅大三四岁，夏天经常赤裸身体，手拿自己做的竹枪跳上跳下地乱戳，口里还不停地喊："戳杀伊，戳杀伊！"鲁迅曾经被他欺负过，所以画了这样一幅画表示反抗。但父亲非但没生气，反而把鲁迅叫了去,乐呵呵说:以后不许这样!然后将这一页撕掉了事。对于他画的另外一些怪画也并不追究了(转引自钱理群《周作人传》)。

但在鲁迅看来,父亲并不是这样,他的另一个侧面在鲁迅的眼里见得更多,那就是,严厉、武断、不近人情。他居然敌视父亲当初让他背书,在那篇《五猖会》里便有许多抗议的意思。还有健人,说父亲常常自己生闷气,无缘无故地发脾气,将饭碗、酒杯、瓷器到处乱扔,这些,自己怎么就不太记得……倘若父亲真的曾经那样过,该是可以理解的:一个从没有实现过自己理想的人,一个受了父亲的拖累,顶着"罪臣之后"的沉重精神压力的人,一个在郁郁寡欢中自怨自艾、最终得了不治之症的人……这样的人岂能快乐,岂能不早亡?周作人记得,很多年的秋天,周家都是在紧张中度过的。被判了"斩监候"的祖父,虽说是死不了了,但每年的"秋决"总是让人提心吊胆,万一得罪了什么人或者上风一拍自己的脑袋,临时改变主意,让其他犯人的脑袋搬家,也是保不准的事儿。于是,每年的这个时候,周家都需要进行打点,送少了还不行,送的多了便要捉襟见肘,东拼西凑了。在不断为保住爷爷的老命而努力的过程中,小康之家元气大伤,破落之迹日益显露。这些境况,父亲都是忍着、扛着,当然,也抱怨着。他不能埋怨父亲介孚公,当初的行贿不也是为了自己的前途?所以,祖父的获罪给父亲带来的精神压力可想而知。每个人都从父亲那里得到过精神的压迫,周伯宜和鲁迅的经历在这方面有着相似之处。其实,周作人是忘了,小的时候因为和本家的凤升叔吵架,父亲在祖父的责令下让他跪在牌位边挨打,一边还骂着:打死你这个不肖子孙,周家怎么出了你这个不肖子孙!周作人对这些事情的淡忘,大概是性格使然,他不希望记得痛苦、灾难、暴力等等这些可以造成负面心理的东西,就像

他不喜欢文学艺术中的恐怖因素一样。他喜欢的是祥和、平淡、从容、有趣的生存境界。他曾经记录过小时候的一件事:小姑母难产死去时,鲁迅去参加了她婆家在长庆寺做的水陆道场,回来似乎很好奇地告诉父亲,说佛有许多手,有的手里拿着骷髅。周作人听明白了后,感到巨大的恐惧,第二天到佛寺,居然不敢再看佛像了。但鲁迅并不怕。他们两个的差别在小时候就泾渭分明了。但如果周作人真是传说中的"和尚转世",那么前生曾经相伴古佛、黄卷青灯,自然也该是不怕的,难道他就没想过这个问题? 还是投胎的时候"迷"了,全然忘记了?

不过,那些事本不重要。重要的是,周作人每每回忆父亲的生病及死亡,都想从记忆中找出更多鲜活的画面、找出父亲的死因。他与父亲本来就不是对抗的关系,现在,他更加理解父亲,对他更是充满了同情。他发现,那些年,在不断遭受着内心的折磨过程中,可怕的疾病正渐渐地将父亲吞噬。他不知道人能在精神和肉体的双重折磨中挺多久,但父亲的病却是日甚一日地加重着。有一天,父亲坐在后房的北窗下,忽然"哇"地一声,一口鲜血从口中喷了出来,随后他俯下身,开始狂吐不止。后窗外小天井里的地上立即洇了一大片红色的鲜血。那情景十分怕人,父亲抬起头的时候,面色苍白,很久没喘过一口气来。周作人感觉了鲜血带来的恐怖,在大家的忙乱之中,他仿佛看到天空也变成了浓稠的红色的。此后,父亲伯宜公便几乎是躺在床上了。丙申(1896)年的九月,父亲去世了。按乡下说法,人三十六岁为本寿,这是人间最起码的寿命,就像开店的人刚刚挣出本钱。然而,虽说虚岁已是三十七的父亲,若按严格的计算,还差三个月才满三十六周岁。令人惋惜的年纪。周作人、鲁迅兄弟三人从此失去了父亲的护佑。他对父亲的病与死做过如下描述：

　　伯宜公于丙申年九月初六日去世，这从日记上记他的忌日那里查到，但他的病是甚么时候起的呢，那就没有地方去查了。《朝花夕拾》中说请姚芝仙看了两年，又请何廉臣看了一百多天，约略估计起来，算是两年四个月吧，那么该是起于甲午年的四五月间。可是据我的回忆，伯宜公有一天在大厅明堂里同了两个本家兄弟谈论中日战争，表示忧虑，那至早也当在甲午八月黄海战败之后，东关金家小姑母八月之丧他也是自己去吊的，所以他的病如在那一年发生，可能是在冬季吧。

　　最早的病象是吐狂血。因为是吐在北窗外的小天井里，不能估量共有几何，但总之是不很少，那时大家狼狈的情形至今还记得。根据"医者意也"的学说，中国相传陈墨可以止血，取其墨色可以盖过红色，于是赶紧在墨海里研起墨来，倒在茶杯里，送去给他喝。小孩在尺八纸上写字，屡次添笔，弄得"乌嘴野猫"似的，极是平常，他那时也有这样情形，想起来时还是悲哀的，虽是朦胧的存在眼前。这以后却也不再吐了，接着是医方与单方并进，最初作为肺痈医治，于新奇的药引之外，寻找多年埋在地下化为清水的腌菜卤，屋瓦上经过三年霜雪的萝卜菜，或得到或得不到，结果自然是毫无效验。现在想起来，他的病并无肺结核的现象，那吐血不知是从哪里来的。随后脚背浮肿，渐至小腿，乃又作水肿医治，反正也只是吃"败鼓皮丸"。终于肿到胸腹之间，他常诉说有如被一匹小布束紧着，其难受是可想而知的了。他逝世的时刻是在晚上，那时春寿只有四岁，已经睡着了，特别叫了起来，所以时间大概在戌亥之间吧。（《鲁迅的故家·百草园·病》）

　　那段记忆虽然模糊，但所能记着的却永远不会淡忘，有些似乎不记得

的，也莫名其妙地渐渐清晰起来。一个挥之不去的情景是，父亲深夜的喘息声一天比一天加剧，每到夜晚，就努力克制着呻吟，睁大双眼盯着屋顶的黑暗，似乎陷入茫茫无际的怀想，仔细分辨着即将踏上的死亡之途。空气闷热、潮湿，蝉声时断时续，院子里的树影疲惫地在窗格上晃动，只听见"吱——"地一声，一只被惊醒的蝉忽然从树枝间起飞，带着惊恐，像拖曳着长尾的流星一样，消失在屋脊那边的夜色中去了。父亲呻吟了一声，剧烈的咳嗽使他的脊背在床上弹跳了几下，随着几声哼唧过后，沉沉地睡去了。

周作人盼望父亲的病能渐渐好起来，尚未染病的父亲是慈祥的，甚至是和蔼可亲的。他喜欢父亲吃酒时的好兴致，喜欢那些下酒的水果，喜欢父亲总会分给孩子们吃，喜欢他讲的《聊斋》里的鬼故事。他回想起更多的时候，父亲会站在自家老屋子的床前，隔窗望着邻居家那片清脆婆娑的竹园，抒发自己的志向，说将来有一天要弄一座小楼，在清雅幽寂中好好读书，神骛八极心游万仞，乃是人生最大的乐事。但父亲侘傺不得意，仿佛命定一般。不是曾有一位"高人"为他卜过一卦，说他"性高于天命薄于纸"吗？难道真是一语成谶？像当年，和蔼、仁慈的父亲总怀着隐逸的想法，可是享受人生的愿望非但没有实现，在遭受了人间的许多折磨之后，还是匆匆的故去了。这并非天命。在家境由小康转入困顿的过程中，父亲的迅速亡故应该还有其更深刻原因。还有，周作人对于卜者的说法向来是不信甚至厌恶的，中国文化中的这些巫蛊糟粕长期渗透在国人生活的方方面面，甚至中医也难逃其渊薮，中毒甚深，倘若不是庸医的断送，父亲的命也许还可以延续一段时间。兄长鲁迅在他的《朝花夕拾·父亲的病》中对伯宜公的死曾有详细的记载，其中对于两位所谓名医的昏聩无能和贪婪本性进行了入木三分的刻画和讽刺。周作人

每每读着,心中都会升起强烈的认同,在对文化糟粕和丑陋人性的批判上,他和乃兄是一致的:

大约十多年前吧,S城中曾经盛传过一个名医的故事:

他出诊原来是一元四角,特拔十元,深夜加倍,出城又加倍。有一夜,一家城外人家的闺女生急病,来请他了,因为他其时已经阔得不耐烦,便非一百元不去。他们只得都依他。待去时,却只是草草地一看,说道"不要紧的",开一张方,拿了一百元就走。那病家似乎很有钱,第二天又来请了……他一按,冷冰冰的,也没有脉,于是点点头道,"唔,这病我明白了。"从从容容走到桌前,取了药方纸,提笔写道:

"凭票付英洋壹百元正。"下面是署名,画押。

"先生,这病看来很不轻了,用药怕还得重一点罢。"主人在背后说。

"可以,"他说。于是另开了一张方:

"凭票付英洋贰百元正。"下面仍是署名,画押。

……

鲁迅曾经和这"名医"周旋过两整年,知道他不但要价贵,用药也与众不同。尤其"药引"难得。新方一换,鲁迅就得忙一大场。先买药,再寻药引。芦根必须到河边去掘;经霜三年的甘蔗,至少也得搜寻两三天。可是这些药并不像传说的那么神妙,父亲的水肿逐日得厉害起来,快要不能起床了。鲁迅对于"经霜三年的甘蔗"之流逐渐起了疑心,"采办药引似乎再没有先前一般踊跃了。"这时候,这位脸圆而胖的庸医感觉黔驴技穷,便找出抽身的理由,

装作很诚恳地说，自己的学问都用完了，可以介绍另一名"名医"过来看看。庸医给父亲看了两年病，毫无效验，大家只好同意去请他介绍的陈莲河，一位脸长而胖的家伙。陈莲河的诊金也是一元四角，但他开出的药方更为复杂，"总兼有一种特别的丸散和一种奇特的药引"。鲁迅对于他的"高明"的药方做了如下记载：

芦根和经霜三年的甘蔗，他就从来没有用过。最平常的是"蟋蟀一对"，旁注小字道："要原配，即本在一窠中者。"似乎昆虫也要贞节，续弦或再醮，连做药资格也丧失了。但这差使在我并不为难，走进百草园，十对也容易得，将它们用线一缚，活活地掷入沸汤中完事。然而还有"平地木十株"呢，这可谁也不知道是什么东西了，问药店，问乡下人，问卖草药的，问老年人，问读书人，问木匠，都只是摇摇头，临末才记起了那远房的叔祖，爱种一点花木的老人，跑去一问，他果然知道，是生在山中树下的一种小树，能结红子如小珊瑚珠的，普通都称为"老弗大"。

"踏破铁鞋无觅处，得来全不费功夫。"药引寻到了，然而还有一种特别的丸药：败鼓皮丸。这"败鼓皮丸"就是用打破的旧鼓皮做成；水肿一名鼓胀，一用打破的鼓皮自然就可以克伏他……

带着恨意的讽刺！鲁迅的文字让周作人立即想起了跟随兄长到百草园中为父亲捕捉"原配蟋蟀"的情景，当时，自己是多么好奇和快乐啊，可是兄长从来都是焦急地寻找，如果一时找不到，便使劲将脚踢向草丛，好像很愤怒。他们要在园子中消磨很长时间，不停地搬开一块块石头，居然真会看到两只慌张蹦逃的蟋蟀,兄长便立马拢手按了上去。而那时的自己还不懂事,只是个孩子而已。当时的情景是否如此?周作人不可能再去问鲁迅,他只能通过他的文字想象着。

然而,那些药吃了仍是不见效,这陈莲河(本名何廉臣)先生便提议请人看一看,前世可有什么冤愆。这个情景周作人记得,父亲听了沉思了一会儿,只是摇头,看来对这些"轩辕岐伯的嫡派门徒"不报什么信心了。那时候的绍兴没有西医,并且也几乎没有人听说过世上还有什么西医。像何廉臣这样的郎中,逢见自己也糊涂的病,只好糊涂地为人医治,实在没辙了,便推给求鬼问神的占卜先生了事。

周作人看见,父亲的水肿日甚一日,终于起不了床了。母亲煎了药,从外面端进来,给他灌服,但刚刚灌下去的棕黑色汤汁又从嘴角边溢了出来。父亲只剩下了呼呼的喘息,而且越来越微弱,正如鲁迅在《呐喊 自序》中所说"终于日甚一日地亡故了"。

周作人记得父亲去世时大家忙乱的情景,但他不愿意去详细记录,有鲁迅的文章在,似乎就是他写过的样子了。他从书桌上拿起一本《朝花夕拾》,翻到里面的第七篇,将最后的结尾反复读着,文章发表于 1926 年 11 月 10 日的《莽原》上,距父亲病故已经过了 30 年了:

父亲的喘气颇长久,连我也听得很吃力,然而谁也不能帮助他。我有时竟至于电光一闪似的想道:"还是快一点喘完了罢……。"立刻觉得这思想就不该,就是犯了罪;但同时又觉得这思想实在是正当的,我很爱我的父亲。便是现在,也还是这样想。

早晨,住在一门里的衍太太进来了。她是一个精通礼节的妇人,说我们不应该空等着。于是给他换衣服;又将纸锭和一种什么《高王经》烧成灰,用纸包了给他捏在拳头里……。

"叫呀,你父亲要断气了。快叫呀!"衍太太说。

"父亲!父亲!"我就叫起来。

"大声!他听不见。还不快叫?!"

"父亲!!!父亲!!!"

他已经平静下去的脸,忽然紧张了,将眼微微一睁,仿佛有一些苦痛。

"叫呀!快叫呀!"她催促说。

"父亲!!!"

"什么呢?……不要嚷。……不……。"他低低地说,又较急地喘着气,好一会,这才复了原状,平静下去了。

"父亲!!!"我还叫他,一直到他咽了气。

我现在还听到那时的自己的这声音,每听到时,就觉得这却是我对于父亲的最大的错处。

父亲死在秋天。中秋之后的天气已经转凉了,树上的枯叶片片飘落到窗前。父亲躺在床上,脸色阴沉,眉头紧缩,眼睛里满含着忧郁与悲伤。他的两只手按在自己的腹部,慢慢地抬起来,又轻轻地放下,他想说很多话,但是只能重复地做抬手、放手的动作了。"老四在哪里?"他看了看坐在一旁的三个儿子,有气无力地问夫人。鲁老夫人赶快把四弟椿寿从睡梦中唤醒,带到他的身边。周作人知道,平日,父亲是最疼爱这个小弟弟的。四弟睡眼惺忪地站在那里,不知说什么好。忽然,父亲喃喃地说:"呆子孙,呆子孙……"那声音在气喘之间几乎听不见，那是他生命的最后一缕游丝，随着头颅的稍稍一歪，断了。母亲赶快招呼人给父亲换衣服，并把烧成了灰的经卷放在他手上，接着唤了两声：

"宜老相公！宜老相公！"母亲的呼喊低沉而急促，声音中已然夹杂着哭腔。但父亲已经没有了生息。大家立即哭了起来。

父亲生命的最后，仿佛还在自责。

那一刻，周作人好像一下子懂了不少事，在一阵阵哭声中，他仿佛看见父亲的嘴角动了一下，掠过了一丝解脱的微笑。

东窗边上的那张黄色漆柱单人床，空了。锡制的洋油灯的火苗还在玻璃灯罩内微弱地跳动，好像在做最后的挣扎。父亲吞吐的烟雾早已经消散，还有那连续的咳嗽和呻吟。那年冬天，周作人仿佛觉得，斜对着厨房和后园通道的后房，"过堂风"似乎比往年刮得更猛，北窗的窗棂被大风划出一道道尖利的怪叫，在深夜惊醒着家人的睡眠……

道学家的没路

　　人生的起步或许正在于最早的生命转折,周作人虽然对离开故乡时的所思所想多少有些淡漠了,但他对赴南京求学前后的往事还是记忆犹新,因为从某种意义上讲,那是他新人生的开端,包括鲁迅在内,外出求学的经历开启了他们崭新的人生航程,尽管在当时也许只能算是一种走投无路的选择。鲁迅在《呐喊·自序》里对这段经历做了如下描述:

　　有谁从小康人家而坠入困顿的么,我以为在这途路中,大概可以看见世人的真面目;我要到 N 进 K 学堂去了,仿佛是想走异路,逃异地,去寻求别样的人们。

我的母亲没有法,办了八元的川资,说是由我的自便;然而伊哭了,这正是情理中的事,因为那时读书应试是正路,所谓学洋务,社会上便以为是一种走投无路的人,只得将灵魂卖给鬼子,要加倍的奚落而且排斥的,而况伊又看不见自己的儿子了。然而我也顾不得这些事,终于到 N 去进了 K 学堂了,在这学堂里,我才知道世上还有所谓格致,算学,地理,历史,绘图和体操。生理学并不教,但我们却看到些木版的《全体新论》和《化学卫生论》之类了。我还记得先前的医生的议论和方药,和现在所知道的比较起来,便渐渐的悟得中医不过是一种有意的或无意的骗子,同时又很起了对于被骗的病人和他的家族的同情;而且从译出的历史上,又知道了日本维新是大半发端于西方医学的事实。

然而,人生往往是如此,一次无奈的举措也许真的改变了一切。而改变鲁迅和周作人命运的,竟是一位后来在周作人眼里十分守旧、僵化甚至顽固的僵尸般的封建士大夫——椒生。鲁迅所说的 N 地 K 学堂便是南京江南水师学堂,那时,椒生正在水师学堂教汉语并兼做监督,周家的几位子弟包括鲁迅和周作人在内,都是因了他的这层关系入学的,尽管并不用考试,似乎只要申请就可以被接纳。也正因为当时洋务学堂这种不被社会认可甚至还被耻笑的地位,加之教师队伍的鱼龙混杂,使它具有着大变革时代的独特尴尬和生存困境,这让学堂里的学生感受到一种特别的压抑,鲁迅和周作人在南京水师学堂读书的时间之短便是情理之中的事了。

椒生是一个很复杂的人物。他始终在维护封建的正统,但是人性的压抑又使他做出了一些可笑甚至丑陋的事,以至于最后连自己的儿子都盼望其

早死。不过，即便如此，他身上那些可怕的封建基因仍然照旧传到了自己的儿子身上。

椒生的辈分是周作人的爷爷辈，他和鲁迅曾经是称呼过他做"庆爷爷"的，因为他名庆蕃，小名曰庆，又因为他的大排行系十八，鲁迅在日记里常常把他称作"十八叔祖"的。从这个称呼上，我们也可以识见当时周家族系的庞大。对于这位庆爷爷，周作人很看不上眼，他的虚荣和做作，只能赠以调侃和鄙夷，周作人曾经写道："他是个举人，这科名在以前不容易得到手，秀才只能称相公，中了举就可以叫老爷了，所以他自己也颇自傲，虽然'新台门周家'大家知道，他总要信上写明'文魁第周宅'的，可见他的举人乃是属于最多数的一种，即是只能做八股，或者比一般秀才高一点，至于文章与学问还是几乎谈不到的，他以候补知县的资格到南京去投奔妻族的长亲……因了他的帮忙，被派往江南水师学堂教汉文，兼当监督。"（《鲁迅的故家·椒生》）当时的监督是用州县一级的官僚，虽有学监兼舍监的性质，但他们不懂文化，所以只能管管宿舍的事情。当时的水师学堂有驾驶管轮和鱼雷三班，椒生是管轮堂的监督，前后任职大概十年之久。因为这层关系，周家的子弟进入江南水师学堂的前后共有四人。鲁迅是戊戌年的春天入学的，次年就退了学，改入矿路学堂；周作人则是辛丑年秋天才进去，因为眼睛近视，改学土木工程，丙午年夏天就离开了。他是最后一个进入江南水师学堂的周氏子弟。

那个时候，许多事情今天看来都是很可笑的。周作人记得，当时初办的学校在社会上被人看不起，很多人视洋务跟洪水猛兽也差不了多少，因此，到水师学堂读书的人自然很受轻视，自己也以为跟当兵差不多，甚至连真名都觉得不值得拿出来用。鲁迅后来用的名字"树人",还是当时庆爷爷椒生给起的呢。很多人当时换了名字,无非是为了随便充个数,因为使用真实的名字似乎觉得有辱祖宗名节。所以,这样的学堂,考起来很简单,只要愿意,无不受欢迎。虽然入学不必靠什么情面,但倘若椒生不在那里,周氏家族的子弟恐怕也未必跑到南京上什么水师学堂,所以,饮水思源,周作人多少还是感激他的。当然,最感激的还是母亲。他一直记得母亲鲁老太太对椒生的感念,鲁迅出去求学之后,每逢年假椒生回到绍兴,她总要预备一只炖鸡给他送过去,并再三表示对他的谢意。也许老太太惦念儿子,这样的感谢里自然还有让他继续照顾鲁迅兄弟的托付吧。周作人不知道。但他觉得对椒生的感激可以到此为止了:

……但是好意实在也就只能说到这里为止,此后如在他的监督治下做学生,即使在他仍是很好的意思,但在受者便不免要渐引起反感来了。他以举人知县候补,几次保举到四品衔即用直隶州知州,根本上是个封建社会的士大夫,信奉三纲主义,随带的相信道士教……对于学生特别是我们因为是他招来的本家,他最怕去搞革命,用心来防止,最初是劝说……看见劝阻无效,进一步来妨碍以至破坏,鲁迅东京来信以及毫不相干的《浙江潮》等,屡次被扣留,日后好容易才要回来,最后索性暗地运动把我们开除。可是到那时候,他自己的时运已经不济了,运动不能发生效力。辛丑壬寅总办是方硕辅,满身大烟气的道学家与桐城派,其时他很得意。癸卯来了黎锦彝,免去他的监督,让他单教汉文,可是还嫌他旧,到了秋天他只得卷铺盖回去了。(《鲁迅的故家·百草园·监督》)

这样的逆时流而动、总在保护封建道统的人,在有着民主、科学等新思维的人士眼里自然是可厌恶的,但他并不因别人的厌恶而有所改变。回到故乡、当上了绍兴府学堂监督的他做派依旧,从里到外散发着腐朽的气息,与同他共事的革命党徐锡麟迥然二致。因为周作人曾经见过徐锡麟,当年徐的勃发英姿给他留下了极其深刻的印象,相比之下的庆爷爷椒生则显得十分刻板、虚弱。他记录了当时看到他们的情景,外表的不同彰显了人格与志向的迥异,虽然当时刻苦勤勉的徐锡麟只是主张新学,"造反"的事还仍是在地下酝酿着:

……大概是甲辰的秋天,我到府学堂去,看见在客堂上放着直径五尺的地球仪,是徐伯荪自己糊的,那时他在教操,残暑尚在,他叫学生阴处稍息,独自兀立在太阳下,身穿竹布大衫,足着皮鞋,光头拖下一条细辫,留着当时心存不轨的人所常有的那样小顶搭,鼻架铁边的近视眼镜。这样的一个人,单就外表来看也可以知道那是和椒生的一套全合不来的,椒生穿的是上面三分之二白洋布,下面三分之一湖色绸的"接衫",袖子大而且长,俨然是《荡湖船》里的角色,他的那背诵《左传》,做"颖考叔论"的功课,也吃不香,其走向碰壁正是难免的了,不久之后他又下了野了……(《鲁迅的故家·百草园·监督二》)

在社会的风云激荡之中,进步的终将战胜落后的。椒生的逐渐不得志,反映出了社会进步的必然取舍,在这一过程中,想必他是十分恼恨的,甚至仍要抓住旧时代的最后一根稻草。一个表现是,在两年之后,徐锡麟刺杀恩铭被残忍杀害时，他居然以为自己早就看出了那"乱党贼子"的图谋不轨，并为自己的"先见之明"颇为得意，到处宣讲。然而这种得意不会得到更多的理会，于是后来，他重新做起私塾先生，只在家里教几个学生。周作人没有再记载他教书的事，只提了一件令人大跌眼镜的丑闻，就是以道学家自居的椒生，不料到了晚年竟"晚节不保"，心里的肮脏露出了马脚，因一举不慎遭到老妈子的打，而他二儿媳妇从楼窗里看见，居然大声说道："打得好，打死这老昏虫！"虽不是正面描写，但椒生当时对老妈子做了些什么，想必读者心里明白得很，同时也说明，他的这类事做的是很多的，以致于自己的儿媳妇都恨意满怀。这"暴露出士大夫的真相，也是有意思的事"——周作人对他下了这样一句断语，但他不想为此多费笔墨，只一笔戳破真相了事。

椒生一辈子做虚伪的道学先生，到老了终于露出了可憎的面目，可他自己并不认为难堪，反倒将许多压力和痛苦强加在晚辈身上。这在晚辈眼里简直就是胡闹了。别人还无妨，看的是笑话，可他的两个儿子遭受的却是难堪和外人的耻笑。他有两个儿子，长子伯文和次子仲翔。伯文性情暴烈，曾为鲁迅和周作人六岁去世的四弟椿寿写过墓碑。仲翔则是秀才出身，是著名的咸亨酒店的老板之一。这两个儿子最后都不喜欢自己的老爹，甚至盼他早死。有一次，仲翔走进屋子，看到椒生正在写字，以为是什么正经文字，走到近前一看，才知道写的是债票，大概是凭票付若干大洋之类的话——他自己欠了钱，是全部赖在儿子头上了。"这个老不死的！"仲翔跨出门槛就破口恨骂。而且，亲生儿子居然为此设了"陷阱"，企图加害于他，这样的事情对老道学椒生来说，也算是十分悲哀了。周作人对这件事记得十分清楚："有一天，诚房

的子传太太走过,看着兰花间门口竖放着一条长板凳,问这是怎么的,谁也不知道,便移开完事。后来伯文私下告诉人,那是他装的'弶',让老昏虫碰着摔一个跟头,就此送了老命。""弶"是一种捕老鼠、鸟雀的工具,虽然伯文未必真的下狠手,但对自己父亲老不正经的厌恶及盼望他早死的想法肯定是真实的。真是令人啼笑皆非。

但同样可悲的是,椒生的儿子伯文也不赞成革命,并十分痛恨革命党,这点与他父亲却如出一辙。而他教书的时候竟也做出过用竹枝责打学生,然后又用盐搓的狠事,这与子京用门缝夹学生的耳朵堪称"双绝",当然最后也被解雇了事。封建的道统是可以遗传的,伯文的身上留有椒生身上很多的影子。也正是这种"遗传",使得伯文终于也落下了一个可怜的下场。周作人几笔白描就结束了一个人物的一生:"辛亥冬天杭州已经光复,乡下谣传很多,伯文正上大街,忽然听传说革命党进城了,他立即双腿发软,再也站不起来,经旁人半扶半抬的把他弄回家来,自此以后虽是革命党并不来为难他,却是威风完全失尽,没有什么奇事可说,至癸丑年遂去死了。"(《鲁迅的故家·百草园·轶事》)

旧人物的结局总是可悲的。举人老爷椒生在周作人的记忆里不过是一缕灰色的影子,倏忽间便滑落到死亡的黑暗中去了,不再留下任何痕迹。那个时代,这样的人物太多了,鲁迅的笔下更是多有涉及,在虚构之中,真实总是最本质的,他们虽然死去多时,但有时候灵魂还会飘荡出来,去伤害别的人,这是最需要警惕的。周作人描画的椒生这样一个封建士大夫的标本,也许不仅仅是对某个人的批判和否定,而是在掀开他的衣角时,让人们再次窥见那个非人性时代的黑暗。

蹒跚的祖母

　　百草园中的快乐是那么短暂,周作人回忆起来感到无比惋惜。要是能让孩子的天性一直自然发展下去,就像古希腊人那样,该会造就多少幸福的人生,造就多么和谐完美的人性。中国人个性的扭曲有着历史、文化的深层原因,经常地,他自己就能感到自家身上存在的那种来自灵魂深处的冷漠,像一层厚重的黑色衣衫把灵魂紧紧地裹住,怎么也摆脱不掉。从某种程度上讲,这并不是自己的过错。也许,在孩童时代,他就看到了许多的悲剧,那么多悲剧的主角是自己的亲人、故旧,他无法忘怀。虽然在文章写下来看似很淡然,但他仍对那些悲剧的人物注入了许多同情。不是他的心变得越来越坚硬,而是无力改变的,索性就视

之当然吧。

可是,当年正是对这些记忆的不能遗忘,使他高举起了打到封建礼教,学西方民主、科学的大旗。然而,人的文学、人的解放,自由主义、个性主义,到底能在多大的范围内得以实现,这始终是他的一个疑问。不过,周作人对自己后来在这方面做的工作倒是有过一番肯定:"我的反礼教思想是集合中外新旧思想而成的东西,是自己诚实的表现,也是对于本国真心的报谢,有如道士或狐所修炼得来的内丹,心想献出来,人家收受与否那是别一问题,总之在我是最贵重的贡献了。"(《过去的工作·两个鬼的文章》)反礼教的思想,最初当是孕育于旧家庭中的,和鲁迅一样。那时候的感性记忆,必然会引起日后思想的革命。

不过,也许扯远了,在这样的黑夜,他更愿想起那些最遥远的人和事,似乎觉得它们就近在身边。

人至老年, 小孩子时并不关心的死亡之事开始在周作人的心里缭绕不去。百草园的故人都去了,留下一处空荡荡的院子,烟雨迷蒙中,那高大的皂荚树还在吗?那云雀的鸣啭是否还在倾圮的土墙上栖落呢?岁月苍茫的雾气越来越浓重,他的视线开始模糊起来,在那黑瓦剥落的屋檐下,依稀还能看到几个灰色的身影,他们表情漠然,似乎在等待自己的问询……

此刻,他想到了自己的祖母蒋氏。她正蹒跚着步履向自己走来,灰白的头发遮盖着苍老而木讷的表情,她张开嘴似乎要说话,却发不出一丝声响。她屋子里的香油灯还在闪烁吗?那彻夜不灭的幽暗灯光正从圆罩的空隙里流出来,灯花的余烬滴落到夜色的深处,伴着祖母寂寞且沉默的一生。

"青灯有味似儿时",周作人每晚都睡得早,他并没有体会过古人所说的那种乐趣，也想象不出祖母在灯下独自枯坐的情形，然而，祖母是却当年的小樆寿最亲近的人之一，他长时间地与她住在一起，听她唠叨一些小时候的旧事。夏天，祖母的蒲扇为他驱赶着蚊虫，那种慈爱定格在他的记忆中。她的表情是柔顺的，似乎从来没有生气发怒的时候，然而又经常地沉默很久，似乎无念无想，只抬眼注视着虚空，眼睛混浊而呆滞。小樆寿知道，她并不是自己的亲祖母，而是父亲伯宜公的继母，祖父在外地当官时的小妾。她前半生遭际的不幸，是在祖父对她经常性的谩骂中透漏出来的，并渐渐在周作人的脑海中形成了大概轮廓，小樆寿当年只觉得懵懂不解，他不愿听到祖父冷酷的言辞，仿佛它们劈头盖脸地打在自己身上。

　　祖母姓蒋，原是"翰林太太"，后被遗弃在家。祖父周介孚(周福清)当时做着京官，前后纳妾多人，后来把她带回了老家，然而却终年欺辱她。是祖父贿赂考官事发导致了脾气坏到极点，还是本来就将她看作一个随意摆设的物件，旧了便不再珍惜，扔掉又怕人耻笑？每次被打骂之后，周作人都看见她躲在黑暗的屋子里默默垂泪，她竟不知道抱怨命运的不公正，对祖父的辱骂竟表现出令人费解的虔敬，但丝丝痛苦的痕迹还是能从她瘦长的脸上分辨出来，那是一个怨妇的标本，很多年前就刻在上面的，祖父讨厌那样的表情，只要看见就忍不住要怒骂，似乎她表现得越是虔敬，越是怨妇的证据无疑。

　　在祖母身边那么久，周作人从来没见过她脸上绽放出一丝笑容，她只是在小心翼翼地守礼、克尽妇道。她嫁给周介孚后没有儿子，原来一个女儿只比鲁迅大十二三岁，性情和善，嫁给了一个姓金的秀才，夫妇感情很好。但介孚公下狱后听到传闻，说亲家公有闲话，则大怒，不准与金家往来，那个时候可想而知，周作人兄弟难见喜欢的小姑姑一面，就是自己的亲娘蒋氏也因两

家关系的交恶,不敢主动会见自己的女儿了。后来姑姑因难产去世,她那尴尬的处境才算结束,但内心的悲伤再也无法抹去。"……小姑母的死对于小孩子固是一个打击,在祖母这打击乃是更大而且彻底的了。她本是旧式妇女抱着黑暗的人生观的,做了后母没有自己的儿子,这一个女儿才是一线的光明,现在完全的灭了。她固然常于什么菩萨生日,点起一对三拜蜡烛三支线香,跪在大方凳上向天膜拜,却不念佛或上庙烧香去,有一回近地基督教女教士来传道,劝她顾将来救灵魂,她答道,'我这一世还顾不周全,那有工夫去管来世呢'。她的后半生,或者如外国诗人所说的病狼大旨有点相像吧。"(《鲁迅的故家·百草园·祖母》)祖母的命运是旧时代妇女的一个典型代表,后来,只要是看到别人笔下的妇女的苦境,周作人都会想到自己的祖母,那苦境在他眼里是中国妇女"永劫"的命数。他写道:"以我个人的阅历来说,我的祖母就是这样的。论地位她是三四品的命妇,虽然是继母,只有一个女儿,出嫁后不久死了,论境遇也还不至那么奇穷,有忍饥终日的事情,但是在有妾的专制家庭中,自有其别的苦境,虽细目不同而结果还是仿佛……祖母不必出汲,但那种忍苦守礼如不坐石条,不饮龙眼汤的事,正是常有,至于平生不见笑容,更是不佞所亲知灼见者也。"(《秉烛谈·双节堂庸训》)1937 年的 1月,周作人新年过后去厂甸买旧书,得了汪龙庄的几本,中有《双节堂庸训》。读到汪氏记录其母一生"无可喜事"、病后画像竟不能一笑的文章,不禁黯然,想到了自己的祖母蒋氏,写下了以上那段话看似平常却痛彻心扉的话。这种联想,道出了旧中国妇女命运的一致性,也显示了周作人对妇女问题的特别关注。

在这样的文字中,周作人仿佛再一次看到了祖母满是皱纹的面容,依然是呆板而虔敬。但她的手却是温热的,她站起身,牵住小櫆寿的手,向百草园走去……周作人的亲祖母孙氏在生下他父亲周伯宜之后不久便去世了,而蒋氏在周作人心中留下的印记和亲祖母几无二致。

夜深了。不习惯熬夜的周作人啜了一口苦茶,眼睛顺着淡淡的雾气向窗外望去,他居然闻到了一丝熟悉的香气,那时早年的百草园的气息,它无法将它用手抓住,注入到自己的文字中,但他分明感到了一丝久违的温暖,那时祖母人在跳动的一颗心传给他的,它来自很远很远的地方。

祖母去世是在 1910 年,辛亥的前一年,那时鲁迅正在杭州两级师范学堂做教员。

祖母去世的时候是鲁迅为她穿的衣服。他从杭州赶回来,一身的疲惫和肃穆。周作人观察得似乎很仔细,在为死者穿衣服这档子事情上,鲁迅似乎继承了父亲伯宜公的衣钵。伯宜公和鲁迅都是台门里的少爷,但他们都是特别的人,会做这些特别的事。(小姑母死时,就是做哥哥的伯宜给她穿的殓衣,那是父亲最后一次为死人穿衣服了。父亲的这一本事甚至在台门里形成了多年的口碑,但不是自告奋勇,谁也难以开口让他替作这类事。父亲对自己的穿着十分用心,早起折裤脚系带,不中意处总要反复重做,这些小事情在周作人眼里与能够干净利索地为死人穿衣多少是有些联系的。鲁迅虽然并不太注意着装,但做事也是个十分精细的人,比如描画、抄书稿、折纸钉书、用纸包书,都非常人所及,这与伯宜公是一系的,只是表现不一样罢了。)

繁琐的为祖母穿衣的过程周作人并不觉得漫长,他看到鲁迅表情严肃,并没有多少外露的忧伤。但他知道,他压抑着的痛苦和自己一样。一个妇女悲剧的一生就这样结束了,生命的帷幕瑟瑟落下,然后就是被埋入泥土,在

一场雨后开始腐烂，慢慢变作一具白骨，不管她死时穿着多少层华丽高贵的衣服。时间是冷酷无情的，一个人死了不能留下一丝痕迹，如果在爱过她的人心里能存在一点纪念，那是善良的人该有的造化吧，可它对于一辈子心灵遭受过的苦楚怎能算得上是弥补和安慰呢？周作人不敢再看祖母躺在棺内的那张黑瘦的脸，她的眼睛永远地闭上了，与百草园、与台门、与东昌坊、与故家的一切不再有关，甚至，她的灵魂也不在这里飘荡，因为，她从来就没有过真正的家，真正疼爱过她的人，有的只是遗弃和辱骂，有的只是对于命运的顺从，在男人的面前的低眉顺眼和默不作声。想到这里，周作人再也忍不住，泪水夺眶而出……

的确，对于祖母的死，他的痛苦和鲁迅是一样的，祖母给了鲁迅同样的记忆。有几次，他甚至想和兄长谈谈过世多年的祖母，但话到嘴边又咽了回去，他不想让两个人再同时陷入并非令人高兴的回忆中。其实，他怎能不知道，祖母悲剧的一生也正给了兄长鲁迅极为深刻的影响，黑暗、压抑、灵魂的痛苦，在鲁迅的小说里表现得还不够多吗？他想起鲁迅《孤独者》中的魏连殳，他在祖母病故归家奔丧的经历，不正是鲁迅真实的写照吗？那一段的文字仿佛让周作人又回到了当年，看到了祖母去世后丧殓的一幕：

这里的主人公魏连殳不知道指的什么人，但其中这一件确是写他自己的。连殳的祖母病故，族长，近房，祖母的母家的亲丁，闲人，聚集了一屋子，筹划怎么对付这承重孙，因为逆料他关于一切丧葬仪式是一定要改变新花样的。聚议之后大概商定了三大条件，要他必行，一是穿白，二是跪拜，三是请和尚道士做法事。总而言之，是全部照旧。哪里晓得这"吃洋教的新党"听了他们的话,神色也不动,简单的回答道,"都可以的"。大殓之前,由连殳自己给死者穿衣服。"原来他是一个短小瘦削的人,长方脸,蓬松的头发和浓黑的须眉占了一脸的小半,只见两眼在黑气里发光。那穿衣也穿得真好,井井有条,仿佛是一个大殓专家,使旁观者不觉叹服。寒石山老例,当这些时候,无论如何,母家的亲丁是总要挑剔的,他却只默默地,遇见怎么挑剔便怎么改,神色也不动。"入殓的仪式颇为烦重,拜了又拜,女人们都哭着说着,连殳却始终没有落过一滴泪,只坐在草荐上,两眼在黑气里闪闪地发光。大殓完毕,大家都怏怏地,似乎想走散,但连殳还坐在草荐上沉思。"忽然,他流下泪来了,接着就失声,立刻又变成长号,像一匹受伤的狼,当深夜在旷野中嗥叫,惨伤夹杂着愤怒和悲哀。"这篇是当作小说发表的,但这一段也是事实,从前也听鲁老太太说过,虽然没有像这样的叙述得有力量。(《鲁迅的故家·百草园·祖母二》)

鲁迅将祖母去世时自己的悲愤写入到小说《孤独者》中,对周作人是一种震撼。他把对祖母悲凉一生的无限同情与哀怜,把对这个大家族压抑人性的控诉,把所有人生的无望和痛苦,都汇聚到一声受伤的狼一般的号哭中去了,撕心裂肺的号哭是一个遭遇了一生屈辱的人给另一个人展示的人生本有的黑暗与绝望。

弃子的悲剧

东郭门外渡东桥下的那片河水泛着夕阳的光辉,晃动的波光映照在桥拱的乌石上,即将送走寂寞的一天。在那些光影的变换中,时光仿佛在慢慢地熬着,漫长而无奈。乌篷船缓缓地摇晃着驶回来了,船橹左右摆动,发出吱呀吱呀得声音,宁静得水面被搅起一圈圈灰白的浪花。

有一个人站在岸上看着,忽然发出一声大叫:"渡东桥是海罗!"那声音充满好奇,似乎是从未见过海的外乡人对一片大水的惊奇和第一反应。站在一旁的林大老爷感到十分地好笑, 他骤然爆发的笑声传出很远。在以后的几天里,林大老爷和那个外乡人经常出现在东郭门一带,外乡人几乎每天都从十字街头买上一苗篮萧山的红皮甘蔗,挂在脖颈下,贪婪地吃着,一边赞不绝口,一边将嚼碎的渣滓吐入河水之中。

这不是周家诚房里的大房子林吗,他可是失踪很久了,怎么忽然又回来了?见过子林的人自然认识他,但对他弃下一个儿子不管的事始终怀着鄙夷,那个可怜的孩子,被母亲生在了马桶里,生下来也随了他的母亲,智力短缺。不久,子林太太死了,子林便把孩子扔在岳父家代为抚养,不管了,自己飘然到河南去找在那里做官的亲戚去了。又没过多久,孩子的外婆也死了,舅舅们当然不愿意再养一个傻子,便让他归宗了事。从那以后,那孩子的苦日子算真正开始了。但子林不管这些,见了本家或熟人,不管是在街上还是在酒馆里,他都是很快活地打招呼,吹嘘在河南的舒服日子。当然,他也忘不了介绍一下身边的这位"阔佬"。人们只是迟疑地对他笑笑,点一下头,对他身边的这个人并不感兴趣,也不愿意再打听他的出身以及和子林的关系,只觉得他虽有几个钱,却是被子林骗回来花钱"观光"的。子林真是个精明的人,一生飘来飘去,神龙见首不见尾,居然还有愿意为他掏票子的人。几天后,子林又消失了,这次是彻底地消失了。据说,他带来的那个人钱花完了,回了河南,自林也跟着走了……人们没有看到码头上子林远去的背影,像他这样的人,也不会有谁去关心他日后的下落。

日子一天天过去,在散淡的闲谈中,有人偶尔会提起前段时间回家的子林,便感叹说,一个人太聪明了,子女大抵会傻一些吧。这种说法得到了几个喜欢飞长流短散布谣言的人的认同,是啊是啊,子林的儿子桐生不就是个例证么?这话其实一点不假,桐生小时候被亲人们抛来抛去,没有读过一天书,大了也没有一个安身立命的本事,只是随着命运沉浮,被岁月的尘沙淹没的

不留一丝痕迹。

这是周作人记录的一对父子的悲剧。在那个时代,像子林那样的落魄子弟并不少见,一个人自顾逍遥,却不愿、当然也无力去顾念亲人的生活与归宿。

周作人记得,比他大 12 岁的桐生并不是一个彻底的傻子,只是有些迟钝,虽然迷信认为他出生在马桶里,晦气很大,但他的呆气恐怕也与没有读过书有关。有一年冬天,寄养在外婆家的桐生回家拜年,模样大概十七岁的样子,打扮得衣冠楚楚,由老妈子领着,挨着屋子拜访,木讷得几乎不会说话。后来,被赶回周家,住在门房里,虽仍被人们叫做桐少爷,但已是身无长物,生活远在雇工之下了。雇工是可以通过劳动糊口的,但桐生与四七、五十相比,谋生手段几乎等于无。这位同族名凤桐,字桐生。这样的名字,该是被寄予过最美好的期望的,可是最终沦为与阿 Q 差不多的命运。鲁迅《阿 Q 正传》里写的那段阿 Q 向吴妈求婚的经典故事,就是发生在桐生的身上,真是可笑而又悲凉。想起桐生的命运,周作人的心上总是笼罩着一层难以拂去的哀伤。

桐生是败落大家子弟的另一派,与五十、四七等截然不同,在他的生活上没有什么谜,他简直是没有法子生活。起初有一个时期在药铺里当伙计,那是义房的仲翔、伯撝等人替他弄到的职业。药铺名叫泰山堂,开在东昌坊口的西南角,店主人名申屠泉,本是看风水的,有了一点钱就开了药铺……

桐生这药伙计也不知道他是怎么当的,他不认识什么字,更不必说那些名医龙飞凤舞的大笔了,他替人家"撮药"不会弄错么?我们小时候买玉竹来当点心吃,到泰山堂去买,桐生倒也不曾拿错过,却是因为本家的缘故,往往要多给些,这是他的好意,不过我们也要担心,假如药方里有麻黄,他也照样地多给了,那岂不遭么?话虽如此,他在药铺里倒并不曾弄出什么麻烦来过,只是药铺自身出了问题,所以他不能不连带的歇业了。申屠在家里忽然被外边抛进来的一块砖头打破了脑袋,主人死了,那个小店自然也就只好关门了。

他的别的职业是行商。仲翔给他募集一点钱,买了一套卖麻花烧饼的家伙,又替他向东昌坊口西北角的麻花摊担保,每天付给若干货色,至晚清算,如有短欠,由保人归还。……桐生卖了几时,倒也规规矩矩的,但是他有一个小毛病,便是爱喝老酒,做卖买得来的利润只够糊口,有时喉咙太干了,他就只好将付麻花摊的钱挪去给了酒家,结果要保人赔一天的钱,有时还把竹篮也卖掉了。这种事有过二三次之后,大家觉得不是办法,只好终止,但是想不出别的办法来,于是他的行商也便因之停止了。(《鲁迅的故家·百草园·桐生》)

善良的桐生,却在一个大家的败落过程中承担了悲剧的命运。这样的长辈中人,周作人见过不少,他们的身影一直在东昌坊和十字街头那光滑的石板路上晃来晃去。因为当年太小,记忆总是时断时续,颇有些模糊。他努力想抓住那在黑暗中浮现的身影,没有质感的破旧衣衫却从紧握的手中滑了过去。桐生当年的模样无论如何都记不真切了,然而,泰山堂玉竹的滋味却似乎又刚刚品味了一回。无疑,桐生对他曾是很喜爱的,虽然有些憨傻,但他知道如何逗弄得孩子们蹦蹦跳跳,让他们开心——那不正是他自己渴望和羡慕的东西吗。孩子们欢快地跑到街上去了,一声一声地呼喊着"桐叔!桐叔!"他的脸上便绽放出了灿烂的笑容,他忽然觉自己也是有点本事和权力的。

周作人在上个世纪四十年代初出版的《药堂语录·序》中写到他对草药的兴趣:"小时候还买生药来嚼了便吃,顶平常的是玉竹与甘草,这类味道至今尚未忘却。"其中,恐怕也包含了对泰山堂和桐生的回忆吧,因为味道的不能忘却,每每是和回忆联系在一起的。

然而就是这样的本事和权力也很快就失去了,桐生不得不跑到街上去卖麻花烧饼。他肩挎竹篮,在绍兴的大街小巷不停地吆喝,奔走。累了就蹲靠在桥头的护栏上呆呆地看往来的行人和船只。夏天,骄阳似火,最是不好熬的。接近中午的时候,他感到口渴得要命。近处有几家小酒馆,高悬的幌子像树上的叶子一样,蔫蔫地垂挂着,稍有一丝风,便晃动着,似向他招手,勾引他的馋虫。阳光照射在水面上,反射的光也火辣辣地灼人皮肤。桐生不知从哪里借来了力气,忽地站起身子,三步并作两步地跨进了最近的一处酒家的门槛,从口袋里使劲掏出几枚铜钱,一起排在了柜台上……他索性不去想晚上结帐的事儿,要是钱不够,他一起将篮子压上!黄酒不但能解渴,还能让人忘掉烦恼……

终于,桐生失去了最后一件维持生计的门路,他也不再去想那些烦心的事情,只在家里躲着,等待有谁来见他可怜,把吃的送来一点,或许还能得到几角钱去换酒吃。玫瑰烧和五加皮哪个味道好些,他没在意过,倘若还能有点钱买几粒炒洋化生或者几片豆腐干,那就最好不过了。一杯下去能会昏昏欲睡,咕咕叫的肚子被醉声淹没,谁还管它做不做梦,明天,如果还有明天,那就等到明天再说吧。肚子虽饿,但嗟来之食是不能要的,桐生在恍惚间想起小时候的经历,也会怨愤一下,那可真是姥姥不疼、舅舅不爱的日子,如果不是有那么个混账父亲,也许一切还不至于如此糟糕。他只管自己快活,死在外乡,也算是他的造化。"穿,威风;吃,受用;赌,对冲;嫖,脱空;烟,送终。"桐生可没有那"福分",他就是绍兴河边淤泥里一茎最贱的水草,任凭岁月的风雨冲刷,自生自灭。

周作人想起桐生的时候,心里满是同情,当年桐生向自己的母亲借钱的情景还历历在目,这一晃几十年便过去了。

桐生住在大书房里不知始于何时,但是这里所说的一件事发生于他住在那里的时候,那总是确实的。他失掉了生活的道路以后的方法大抵是高卧。有一回大概是卖掉了竹篮之后,有好几天不曾出现,仲翔怕他饿下去不行,拿了些馒头之类到大书房去,对他说道:"桐店王(店王本是店主的意思,后来变为一般通称,店伙则称店官,似乎原来封建气很重的样子),起来吃点东西吧。"他却仍高卧不起,只说道:"搁下在那里吧,你怕我会得饿死么?"仲翔出来传述此事,他觉得桐店王的这股硬气倒是很有意思的。可是他有时候也很懂得情理,并非一味胡来。他没有四七、五十的谋生手段,时常要挨饿,等到饥渴难忍的时候,他也只好出来向人借钱,一角两角钱可以过得一天了。但是他的渴比饥还要紧,所以往往借来的钱都喝了酒,肚子还是让他饿着。有一次他向鲁老太太借钱,鲁老太太对他说道:"钱可以借给你两角,但是你要拿去吃饭,不可买酒喝。"他正色道:"宜嫂嫂给我的钱,我决不买酒吃。"他说了果然做到,看他量了一升米,买柴买菜,回去准备煮饭去了。

桐生的智力短缺,照现代的说法大概可以说是属于低能的,但是有时说话也颇中肯,特别是对于他的父亲的。关于自己的不幸的生活他只怨恨父亲,说他养儿子像是生蛆虫似的,生下就不管了。他还有一样好处,便是决不

偷窃。他的笑话只有一件，那就是《阿Q正传》第四章《恋爱的悲剧》所记的事，他在义房的厨房里对老妈子跪下道："你给我做老婆吧。"结果如《正传》所说，"蓬的一声，头上着了很粗的一下，他急忙回转身去，那秀才便拿了一支大竹杠站在他面前。"《正传》里说是被打的是阿Q，实际上却是他的事情，又拿竹杠的实在是伯文，乃是文童而非秀才，小说中说文童便没有什么意思了。（《鲁迅的故家·百草园·桐生二》）

桐生并不是阿Q，周作人很清楚鲁迅的小说笔法，是各地的人穿了各地的衣服最后被整合在一个人身上，小说家便通过他把要说的话讲出来，批评家看了，便说那是表现了"国民性"了。桐生向老妈子求婚的事最初大家都觉得万分可笑，等到鲁迅信手拈来将其附会到阿Q身上，便让人觉得又是那么的可悲了。其实，阿Q是有原型的，那是新台门里的外姓人家，姓谢，被人唤作阿桂的。阿桂可不像桐生那么老实，吃不了苦，从给人做短工改做卖旧货，因为经常小偷小摸地做手脚，逐渐沦落为了半工半偷的二流子。

桐生，阿桂，这些与阿Q的形象塑造有关系的人物已经成为历史的陈迹，他们都是当年绍兴旧舞台上的匆匆过客，可爱，可怜，可悲，可叹。他们潦倒，穷困，命苦，都是家庭和时代的弃子，却也不乏善良、自尊，然而，命运始终没有垂青过他们，最终让他们过着半乞或半偷的生活，他们或被人垂怜，或被人谈说，或被人取笑，或被人侮辱，终于在对挣扎也麻木了以后，过完了虫豸般的一生。

桐生，这个漂泊在苦海里的弃子最终的结局如何，周作人没有记录，其实所有的人都能看出，他终会悲惨地消失，被世间彻底遗忘。

母亲心中的画像

　　鲁迅和周作人有一个伟大的母亲——鲁老太太，她经历了早年丧夫、丧女、丧子之痛；到了晚年，又眼见大儿子早他先去。她心中的痛楚有谁知道呢？她自己从来都没有说过。想起母亲，周作人的感情很复杂，母亲的慈悲、正直、坚强、随和、忍辱负重和宽阔的心胸，在旧中国的妇女中也算是楷模了。他常常回想母亲这一辈子，除了钦佩，怀念，还有抹不去的哀伤。很多次，他写到了自己伟大的母亲，把对母亲的深厚情感凝注到几篇并不怎么长的文章之中，他希望能用最质朴简单的文字刻画母亲生命的坎坷和永远平静的心。

　　鲁老太太是鲁迅的母亲；她母家姓鲁，住在会稽

的安桥头,住民差不多全是姓鲁的。她的父亲号晴轩,是个举人,曾在户部当主事,因病辞职回家,于光绪甲申年去世。她有两个姊姊,一个哥哥,号怡堂,一个兄弟,号寄湘,都是秀才,大约在民国前后也都故去了。她生于清咸丰七年即一八五七年,于民国三十二年(一九四三)在北京去世,年八十七岁。她没有正式读过书,却能识字看书,早年只读弹词说部,六十以后移居北京,开始阅报,日备大小报纸两三份,看了之后与家人好谈时事,对于段张冯蒋诸人都有批评。她是闺秀出身,可是有老百姓的坚韧性。清末天足运动兴起,他就放了脚,本家中有不第文童,绰号"金鱼"的顽固党扬言曰:"某人放了大脚,要去嫁给外国鬼子了。"她听到了这话,并不去找"金鱼"评理,却只冷冷说道:"可不是么,那道真是很难说的呀。"她晚年在北京常把这话告诉家里人听,所以有些人知道,别的事情也有可以讲的,但这一件就很足以代表她的战斗性,不必再多说了。"金鱼"最恨革命党,辛亥光复前夕往大街,听谣言说革命党进城了,立即瘫软走不成路,由旁人扶掖送回,传为笑柄。(《鲁迅的故家·园的内外·鲁老太太》)

从出身上讲,母亲鲁瑞是封建家庭的一位闺秀,按照封建的道统,女子无才便是德,所以不会正式进入学堂,识文断字。但举人家庭的文化熏染却使她靠了自学获得了读书看报的能力,这已经十分难得。鲁老太太读的多是些弹词说部、通俗小说,对大儿子鲁迅写的现代小说并不感兴趣,后来到北京,鲁迅经常为她购买明清小说和同时代人写的通俗小说,如《今古奇观》、《七剑十三侠》、《广陵潮》等,无非家庭伦理、武侠、男女爱情之类,但鲁老太太也看得津津有味。她并非不关心国事,家里有人的时候,她往往要把从报纸上看来得新闻拿出来讨论,对当时所谓的风云人物均有自己的看法,而且"好恶得当",议论都得要领。

在周作人看来,母亲是开明的,也是坚韧的,这些美德未必全是从闺中带来,更多是从生活中得来的。丧夫之后,她要独自撑起一个即将破落的大家庭,忍受尚未成年的两个儿子远出求学的离别之苦,遭受送儿子去洋学堂之后族人的白眼,还要对抗像"金鱼"及其老子椒生那样的本家顽固派随时抛来的"南池大扫帚"的谩骂嘲讽,甚至,老年之后,还要眼睁睁地看着两个亲生的儿子兄弟失和、形同陌路,做为母亲,夹在中间而毫无办法,其情其景,人何以堪? 而她以其淡然、坚毅的秉性毫无怨言地接纳着属于自己的漫长而寂寞的人生,终以八十七岁高龄离开人世,也不能不算是一个奇迹了。即使一生在物质生活上未受太多的苦,但精神上的折磨又有几个人能抗拒的了呢?母亲性格的坚韧,周作人是能体悟得到的。他记得,母亲曾对自己的儿媳妇们说过这样的话:"你们每逢生气的时候,便不吃饭了,这怎么行呢? 这时候正需要多吃饭才好呢,我从前和你们爷爷吵架,便要多吃两碗,这样才有力气说话呀。"周作人对此评论道:"这虽然一半是戏言,却也可以看出她强健性格的一斑。"(《流年感忆·先母事略》)

母亲又是宽容的,外出读书的周作人有六年不回家的记录,母亲也不曾有一丝的嗔怪。是不想念儿子吗? 其实是用理解克制着思念。可作为儿子,是否曾为母亲着想过呢? 周作人在回忆母亲的时候写道:"先君去世以后,儿子们要谋职业,先母便陆续让他们出去,不但去进洋学堂,简直搞那当兵的勾当,无怪族人们要冷笑这样说了,便是像我那样六年间都不回家,她也毫不嗔怪。她虽是疼爱她的儿子,但也能够坚忍,在什么必要的时候。"(同上)

母爱是无私的，是世间最博大、深刻的情感，周作人没有说出这话，却在淡然的一笔中隐含了无尽的忏悔。母亲还是坚韧的，有足够的意志力，这层性格甚至表现在对待大儿子鲁迅去世时的"冷静"上，周作人写道：

……我还记得在鲁迅去世的那时候，上海来电报通知我，等我去告诉她知道，我一时觉得没有办法，便往北平图书馆找宋紫佩，先告诉了他，要他一同前去。去了觉得不好说，就那么经过了好些工夫，这才把要说的话说了出来，看情形没有什么，两个人才放了心。她却说道："我早有点料到了，你们两个人同来，不像是寻常的事情，而且是那样迟延尽管说些不要紧的话，愈加叫我猜着是为老大的事情来的。"……（同上）

鲁迅去世是在 1936 年，那时候鲁老太太已经 80 高龄。80 高龄丧子，那是何等的难过；可她的表现又是何等的镇定。据俞芳《谈谈周作人》（《鲁迅研究动态》，1988 年第 6 期）一文记载，听到大儿子去世的消息，鲁老太太精神上受到了极大的打击，悲痛到极点，全身颤抖，双腿更是抖得站不起来，只能靠在床上说话。

母亲的爱是深沉的，也是永恒的。对于早夭的四弟椿寿，母亲可以说一生都念念不忘，而情感表现的又是那样的含蓄、委婉。这含蓄而委婉的情感写在一幅画像里——那是弟弟椿寿的画像，母亲却用心珍藏了一生。每每写到这件事，周作人心头都会隐隐生出一丝忏悔，他觉得没有好好报答母亲，没能想办法舒缓她内心的痛苦和失落。而站在母亲的角度想一想，她对于四弟的爱与思念又何尝不是对自己、对鲁迅、对建人的呢？在母亲眼中，儿女都是一样的,无论长到什么年龄,也都是小孩子。

　　然而,弟弟椿寿不曾有过三位哥哥的幸运,他的模样在某一时刻就定格了。在母亲心里,他只能从婴儿长到那一刻——六岁,对他是个永恒的生命数字。母亲的痛苦在那一刻凝固,想念贯穿了她的一生。

　　周作人反反复复地写到弟弟的这幅画像,实在是记录母亲一生都不能抹去的心头阴影,她把对小儿子的思念全部寄托在这幅画上,这幅画也就和小儿子成为了一体,只要它还在,那么,可爱的小儿子似乎就还活着,就还能看见母亲,理解母亲这几十年不曾断过的呼唤。在周作人看来,椿寿是兄弟四人中最具才华的:"生而灵警,见生人不啼,甲午之春(注:时弟二岁),即能言语,性孝友奇杰。三四岁教之唐诗,上口成诵,能属对,皆出人意表。又能搦管作字,奇劲非常,人见之皆以为宿学者所书也。以是人咸以大器期之。"(《周作人日记·周作人辛丑日记抄录·逍遥处士小传》)弟弟亡故时,长他九岁的周作人竟禁不住"抚摩大哭,悲感不胜"。而母亲呢? 虽则不曾记录下她当时的悲痛的情形,但母亲对丧子的绝望是别人无法感受到的。母亲是最爱椿寿的么? 说不清楚,应该是的;反正父亲是最最疼爱他的,因为他是最小又最聪慧的孩子。倘若父亲活着而看到椿寿的死,他能像母亲那样挺过来吗? 也许,这也是母亲对椿寿思念的一个无法抛开的原因吧,父亲死的时候最念叨的是他这个小儿子,不停地问"老四在哪里",当时,是母亲从床上唤起弟弟,将他带到了临终的父亲身边——母亲是否常常自责没能为父亲看好他最心疼的儿子呢? 父亲在生命的最后,念念不忘四弟椿寿,难道是放心不下,还是冥冥之中有什么预感? 这些,都隐含在母亲和那幅画像的对视之间,像一个谜,无需再去寻找答案。

绍兴背影：品读周作人

Shaoxingbeiyingpinduzhouzuoren

　　我有一幅画，到我的手里有八九年了，我不知道怎么办才好。这如说是画，也就是的，可是又并不是，因为此乃是画师想象出来的一个人的小像。这人是我的四弟，他名叫椿寿，生于清光绪癸巳（一八九三）年，四岁时死了父亲，六岁时他自己也死了，时为光绪戊戌。他很聪明，相貌身体也很好。可是生了一种什么肺炎，现在或者可以医治的，那时只请中医看了一回，就无救了。母亲的悲伤是可以想象的，住房无可调换，她把板壁移动，改住在朝北的套房里，桌椅摆设也都变更了位置。她叫我去找画神像的人给他凭空画一个小照，说的出只是白白胖胖的，很可爱的样子，顶上留着三仙发，感谢那画师叶雨香，他居然画了这样的一个，母亲看了非常喜欢，虽然老实说我是觉得没有什么像。这画很特别，是一张小中堂，一棵树底下有圆扁的大石头，前面站着一个小孩，头上有三仙发，穿着藕色斜领的衣服，手里拈着一朵兰花。如不说明是小影，当作画看也无不可，只是没有一点题记和署名。她把这画挂在房里前后足足有四十五年，在她老人家八十七岁时撒手西归之后，我把这画卷起，连同她所常常玩耍、也还是祖母所传下来的一副骨牌，拿了过来，便一直放在箱子里，没有打开来过。这画是我经手去托画裱好拿来的，现在又回到我的手里来，我应当怎么办呢？我想最好有一天把它火化了吧，因为流传下来它也已没有意义，现在世上认识他的人原来就只有我一个人了。（《鲁迅的故家·园的内外·一幅画》）

　　但弟弟这幅"玉雪可爱"的画像终于没被火化，周作人的儿子将它捐献给了文化部，挂在鲁迅故居原来的地方了。对此，周作人在"补记"里专门做了说明。对于母亲珍存了大半生的弟弟的画像，又怎么舍得烧掉呢？挂在鲁迅故居应该是最合适的归宿了。

　　四十五年。多么漫长的时光。在母亲身边的周作人只要看到母亲仰头盯视挂在墙上的画像，就知道她又在想念夭折的椿寿了。母亲没有泪，也不多说什么，只默默地看，细细地打量，似乎在寻找什么，在分辨什么。是弟弟的聪明和顽皮吗，还是那一张张变幻不停的笑脸？母亲的目光渐渐变得浑浊了，但是周作人相信，弟弟椿寿的模样早已印在了母亲心上，而且越来越清晰、完整，不会漏掉任何一个细节。

天上人间

在周作人家的佛龛前,摆着三幅照片,一张是母亲鲁老太太的(在别人面前,他称呼母亲为"鲁迅的母亲",曾引起许多人的惊诧和不解),一张是女儿若子的,还有一张是建人的儿子丰三的(1941年3月因为抗议他的附逆而饮弹自尽)。周作人一生也许真正思念过的人就是女儿若子了,他时常驻足在若子的遗像前,用昏花的眼睛出神地凝视那定格在镜框中的天真。香烟缭绕中,若子的魂魄早已经飞升天国了吧。

"流水落花春去也,天上人间。"李煜这词虽是感叹美好生活如春花般随流水而逝,前后身世恍若天上人间般的永远相隔,但是天上的美好又有谁见过呢?那高处不胜寒的琼楼玉宇总令人想起人间的悲欢离合,那天空高悬的明月,也总让人辗转反侧于无数个难眠的夜晚。

月亮!每当看到澄澈的天宇间那轮皓洁的月亮,或者在院子里踱步,低头望见撒落于地面的银白的清辉,周作人都会想起女儿若子和四弟椿寿的死。

女儿周若子写过一篇儿童作品《晚上的月亮》,发在《北京孔德学校旬刊》第二期上,那时候,北京的春天刚刚来临。她写到:"晚上的月亮,很大又很明。我的两个弟弟说:'我们把月亮请下来,叫月亮抱我们到天上去玩。月亮给我们东西,我们很高兴。我们拿到家里给母亲吃,母亲也一定高兴。'"但刊有女儿文章的旬刊从邮局寄到的时候,女儿若子已经是垂死的状态了。周作人记得,妻子看着摊在席子上的报纸,又看了看躺在床上的昏沉的病人,几乎再也说不出话。她只让周作人把那张报纸好好收藏起来——周作人知道,自己以后恐怕再也不会打开那张印有女儿文章的"纪念品"了,他有着一个可怕的预感,他怕在很久以后,那张映入眼帘的报纸会让他再次记起女儿这弥留的一刻,从而陷入永久的痛苦之中。周作人的眼睛里溢满了泪水,他很快就用手擦去了,他不愿意让别人看到自己的伤心。

他忽然想起了四弟的死。肺炎,那时候是不治之症,而且是急性肺炎。就在得病的前几天,四弟椿寿竟固执地向女佣人追问天上的情景,他单纯而好奇的眼睛向天上久久地望着,似乎心中充满了无数的疑问,他要将这些疑问提出来,从大人那里获得圆满的答案。小孩子怎么都关心天上的事情呢?难道有什么预感?想到这儿,周作人感到脊背上有一种无法禁止的"冰冷的奇感",他不是迷信的人,但他对"宿命"的东西好像有了些疑虑。不过,他总希望弟弟在天上能够获得快乐。还有十岁便得过一次近乎死亡的大病、十五岁

终于还是离开人世而升入天国的女儿若子。

十岁的那年春天,若子得了"流行性脑脊髓膜炎"。一个夜间,突然发起烧来,而后是剧烈的呕吐,继之全身开始痉挛。周作人家里一片混乱,他的妻子被吓坏了,抱住孩子,大声惊呼:"阿玉凉了,阿玉凉了!"周作人的弟媳妇听见后,走到外面把内弟叫起来,急急地说:"阿玉死了!"内弟惊起,不觉间居然掉落在床下。医生被叫来,确诊之后说,症候还未全具,脑子出了问题,危险很大。深夜子时,若子的痉挛又开始发作,心脏中了霉菌,十分衰弱,血液运行不良,皮肤现出黑色,周作人记得很清楚,在若子的胳臂上按一下,凹下去的白痕很久不能复原。他请来了日本医生和护士帮助看病。到了第二天,夜间的樟脑注射毫无效果,虽然高烧有所减退,但心脏还是十分衰弱。周作人一夜没睡,焦急地盼望若子病情能转好,哪怕能提出吃东西的要求。下午,若子终于睁开眼,说要吃可可糖。周作人立即高兴起来,他忙乱间都不知道如何走出家门的。他知道,哈达门有卖这东西的,便急匆匆向那里走去。一路上,他满脑子不祥的幻觉,以至于如何买了可可糖,又如何返回了家已全然不觉,直到进门后看到没有什么奇异的动静,才算完全放下心来。这位大学者、大作家当时的失魂落魄、张皇无措的情状,我们是完全可以想象的出来的,若是一个慈爱的父亲,哪一个不会如此呢? 第三天,经过了大夫山本博士的诊断,才宣告若子已经无性命之忧了。想必周作人长长地吁了口气,悬着的心才开始慢慢放下。之后,他写道:"十二日以来,经历了两次的食盐注射,三十次以上的樟脑注射,身上拥着大小七个的冰囊,在七十二小时之末总算已离开了死之国土,这真是万幸的事了。"

大家在忙碌之余不免发出许多感慨,护士永井在孩子病重的时候就住在周家,帮助看护,曾经一度认为孩子不行了,走到周作人内弟媳妇的房间里落泪,还说,这小朋友恐怕要为了什么而辞去这个家庭了。但孩子脱离了危险,她也和周家的人一起感到庆幸,同时又对孩子从万死中逃得一生而无限感慨,这力量从哪里来? 是医呢,是药呢,还是来自她自己抑或是别处的不可知之力呢? 但周作人信奉科学技术,他说:"……我知道,如没有医药及大家的救护,她总是早已不存在了。我若是一种宗教的信徒,我的感谢便有所归,而且当初的惊怖或者也可减少,但是我不能如此,我对于未知之力有时或感着惊异,却还没有致感谢的那么深密的接触。"

因为若子的病是在春天发生,所以,忙乱、紧张和恐惧中,周作人完全忽略了北京那短暂的春天降临后的美景,但待一切都安静下来,心中再没有担忧与焦虑,他的目光才从情绪的起伏中舒展开来,抓住了一个稍纵即逝的春天的末尾。这样的晚春景色在感觉的底片上呈现出来的又与以往的如此不同:

紧张透了的心一时殊不容易松放开来。今天已是若子病后的第十一日,下午因为稍觉头痛告假在家,在院子里散步,这才见到白的紫的丁香都已盛开,山桃烂漫得开始憔悴了,东边路旁爱罗先珂君回俄国前手植作为纪念的一株杏花已经零落净尽,只剩下有好些绿蒂隐藏嫩叶的底下。春天过去了,在我们彷徨惊恐的几天里,北京这好像敷衍人似地短促的春光早已偷偷地走过去了。这或者未免可惜,我们今年竟没有好好地看一番桃杏花。但是花明年会开的,春天明年也会再来的,不妨等明年再看;我们今年幸而能够留住了别个一去将不复来的春光,我们也就够满足了。(《雨天的书·若

子的病》)

　　是的,春天逝去了,总还会再来的;但一个春天般美好的生命倘若失去了,便不复有再见的机会了。周作人所说的"留住了别个一去将不复来的春光",就是指好不容易挽留住的女儿若子那仅有十岁的生命。女儿对一位父亲来讲,就是人间的天使,她的生命,不知比年复一年的春光要珍贵多少。

　　但是,若子在四年多以后的民国十八年(1929年)十一月二十日,终于还是因盲肠炎误诊胃病而并发腹膜炎,在手术后的高烧煎熬中痛苦地死去了。死时只有14周岁。周作人记得若子十六日从学校回家后开始呕吐腹痛,手术后的十九日更觉得烦躁异常,到了晚上,忽然哭啼着说:"我要死了。"之后是昏迷呓语,注射了樟脑油后立即清醒如常,连续呼唤兄弟姊妹的名字,于是一一为她招来,她的朋友也有来看望她的,若子都一一打招呼。后来,经常抱住她母亲的脖颈喃喃低语:"姆妈,我不要死"……这仿佛是一瞬间的事,若子死了,这与她上次的病重仅仅隔了五年啊,已经经受过一次死别打击的周作人这次是真的失去女儿了。

　　周作人的心像北平的天气一样冷。祭棚搭起来了,居然还请来僧人,开始不停地念经。如果人真有所谓灵魂,或者像书中记载的"中阴身",愿若子能够在经声佛号中得以超度西方乐土,希望她可以看到生命的实相,看到人生的苦,而在巨大的宽恕中体味到真正解脱的慈悲。除此之外,他还能为女儿做什么呢? 管他别人是否懂得他行为的矛盾之处呢,为若子,他只按照自己的内心行事。他知道佛的存在,知道佛经中描绘的极乐世界,佛是不打诳语的圣人啊,他描绘的天堂肯定是有的,只是活着的人不能看到罢了。他想起祖父在狱中每天诵读《金刚经》的情景,他想起自己读过的诸多佛家典籍,惟愿经典中记载的菩萨已经将若子接引到光明无边的天堂净土去了……

若子的遗体在十一月二十六日那一天移放到西直门外广通寺内,周作人是打算第二年春天在西郊买块坟地将她安葬。此间依旧请僧人诵经。但依旧不能排遣丧女的悲痛。随之而来的是对山本忠孝大夫误诊的愤怒,12月1日至2日,他连续在《世界日报》上大刊广告,要将山本搞臭以发泄心中的悲愤。但这有什么作用呢?骨肉的早逝,对做父母的来讲是一种永久的折磨。为女儿送殡回来的当天晚上,周作人想写下对女儿的纪念,枯坐了很久,却只写了很短的一片文字,其中最后一段是:

> 我自己是早已过了不惑的人,我的妻子是世奉禅宗之教者,也当可减少甚深的迷妄,但是睹物思人,人情所难免,况临终时神智清明,一切言动,历在心头,偶一念及,如触肿痛,有时深觉不可思议,如此情景,不堪回首,诚不知当时之何以能担负过去也。如今才过七日,想执笔记若子的死之前后,乃属不可能的事,或者竟是永久不可能的事亦为可知:我以前曾写《若子的病》,今日乃不得不来写《若子的死》,而这又总写不出。此篇其终有目无文乎。只记若子生卒年月以为纪念云尔。……(《雨天的书·若子的死》)

文字的简短实在是因为心情的悲伤。在看似平静的陈述中隐含的是难以说出、也无法说出的沉痛。1932年6月1日,一名叫"碧云"的女子在《读书月刊》第3卷第1、2期合刊上发表了一篇题为《周作人印象记》的文章,作者认识周作人父女,尤其是若子美丽、可爱的形象,虽只见过一面,却给她留下

了极为深刻的印象，当从朋友那里知道了若子的死讯，碧云竟因感慨人生的凄凉而病倒。周作人得知后，踏着二尺厚的积雪登门看望——他因为若子的死而担心着另一位同样年轻的生命，又因为这痛苦中的年轻生命而联想到已经无声无息走入另一个世界的女儿若子。他送给碧云两本书，还有一张女儿的照片，上面有他亲笔写下的六个字："亡女若子遗像"。周作人默默地站了一下，对碧云说："我走了！很冷，你进去吧，望你好好保养。"他的声音在颤抖，冰冷的空气已经侵透了他的灵魂和躯体。他没再说别的，只转身离去，孤独的身影消失在风雪之中。碧云拿着若子的相片泪水模糊了视线，她知道，周作人先生来看望她，是怕她重蹈若子的覆着，但绝不只是这一点——他在探望自己的病中，怀念着若子啊。"……南屋里走出来的一个十五六岁模样的小姑娘，圆圆的眼睛，窈窕的身材，美丽的面孔，配着活泼的步伐，沉静的态度，更显得她是个善感多思的热情女郎。"碧云在那一刻忽然又想起了若子的影像。

但周作人没有描写过女儿动人的样子，他早已经把她刻在心上了。《若子的病》是在女儿"死"而"复活"后的纪录，那里边的煎熬毕竟换来了女儿康复的庆幸，这一次却真是面对失去爱女的悲伤了，心情自是有天壤之别。

青年男女的早逝最是令活着的人感到悲痛和惋惜的了，逝者永远地逝去了，却给生者带来了品味死亡的痛楚。周作人对年轻人的死亡可谓十分地关注，在《唁辞》一文中，他由一位十年级的小学生齐可的死，阐发了对于死亡的感慨："死总是很可悲的事，特别是青年男女的死，虽然死的悲痛不属于死者而在于生人。照常识看来，死是还了自然的债，与生产同样地严肃而平凡，我们对于死者所应表示的是一种敬意，犹如我们对于走到标杆下的竞走者,无论他是第一着或是中途跌过几交而最后走到。在中国现在这样的状况之下,'死之赞美者'(Peisithanatos)的话未必全无意义,那么'年华虽短而忧患亦少'也可以说是好事,即使尚未能及未见日光者的幸福。然而在死者纵使真是安乐,在生人总是悲痛。我们哀悼死者,并不一定是在体察他灭亡之苦痛与悲哀,实在多是引动追怀,痛切地发生今夕存殁之感。无论怎样地相信神灭,或是厌世,这种感伤恐终不易摆脱。"死亡,尤其是年轻者的死亡,给周作人带来的是"今夕存殁之感",是引动出的无限追怀。虽然他是一个善于自我解脱的人,把人的生老病死看做一种自然的生命现象,接近于佛家对万物"成、住、坏、空"的自然规律的认识,但对于生命的尊重,却是周作人那一代接受了西方民主、科学理念的"五四"知识分子人道主义关怀的最为重要的一个方面。然而,死亡,灵魂的存在与否,仍旧是个问题,缠绕在周作人的意识里。古代的许多神话故事,对于人死后灵魂幻化的浪漫幻想,周作人认为也是"人情美"的表现,也"自有其美与善的分子存在",虽然是迷信,是"无聊的极思",但它们所寄寓的人类的普通情感却正是通过这类幻想的艺术才达到了感人的美的境界的,人类通过对死者灵魂存在的幻想,实现对死者的追思,也同时实现对生者的抚慰。即使用现代科学剥去了死亡神秘的面纱,使灵魂不灭的自欺欺人或自我安慰失去了其存在的土壤,但对逝者怀念的感伤也仍会沉淀在人类情感的最深处,难以消除。对年轻人,未谙世事、忧患亦少的早夭也许在某种意义上讲是件"好事",恐怕也只能算是曾经沧海、遍历艰辛的人一种略带心酸的解嘲罢了,谁愿意自己的亲朋故旧早早地离开自己呢,哪怕在人间的确是一种苦难和煎熬?

女儿的早夭也许让周作人想到了自己的父亲,也想起了自己的母亲。父

亲是见到过小女瑞姑、也就是周作人妹妹的亡故的,那时的妹妹才不到一周岁。而母亲,不但经历了小妹的死,还经历了四弟椿寿的死,以及大哥鲁迅的死。他们当年的痛楚,周作人在女儿去世时,算是真正体悟到一次了。他甚至想在八道湾住所的院子里为女儿立一尊铜像。

时光再慢慢地回溯,小时候的许多往事在几十年后仍会慢慢浮现在眼前。他并没有忘记若子,也许在写关于故家的回忆时,尤其是写到小妹和小弟的死亡的时候,当年若子的身影就曾倏忽飘过他的眼前,在他追念的情感上又加了心酸的一笔——若子死于1929年,自己已过不惑之年,恍惚间,又是二十多年过去了……而小妹瑞姑的死,则更久远了,那是公元1888年,上个世纪的事了,患天花而死的妹妹不到一周岁,自己也还是个小孩子呢(三岁)。他们俩同时患上了天花,而且是自己传染了妹妹,妹妹死了,自己活了下来——这得感谢祖母和母亲对自己的精心照料。不过,他倒记得和妹妹有关的一件事,那时候,他和妹妹睡在一张床上,有一次,他看到妹妹的小脚丫小小的,圆圆的,嫩嫩的,真是可爱,便情不自禁地在她的大拇脚指上咬了一口,妹妹大哭起来,大人们赶忙过来看个究竟,才知道是这位二哥的恶作剧……周作人觉得,他那时候十分喜欢这个妹妹,她像个小玩偶,经人一逗,便会咯咯地笑起来。

父亲伯宜公当然十分疼爱自己的女儿瑞姑,在她死去之后,专门在故乡南门外的龟山为其建坟,并亲立了一块墓碑,上书"亡女瑞姑之墓",下面落款"伯宜"。还有一些文字,看不清了,因为年久的缘故,大抵该是记录了伯宜公对女儿的怀念吧。周作人看到这块墓碑的时候,恰逢四弟椿寿安葬,他的坟离瑞姑的很近。父亲将瑞姑安葬在那里是很有用意的,他希望女儿能和她的亲祖母孙氏作伴:"龟山那里临河有一个废庙或庵的遗址,除门口两间住着看守人之外,其余都改作殡屋,兴房也有一间,伯宜公的生母孙夫人的灵柩就停放在那里,大抵是为了这个缘故,伯宜公所以把他的亡女去葬在殡屋背后的空地上的吧。丙申年伯宜公去世,也殡在那里别一间屋里,和寿颐的父亲桂轩在一起,他们生前原颇要好,常是一处吃酒的。隔了一年,椿寿也被送往龟山,不能像大人们那么停放,所以也就埋葬了,那里有点是丛冢性质,瑞姑的近旁没有地方了,就离开有一二十步的光景。……小妹妹比小兄弟的死要早十年,而且那时也还不到一周岁……其完全复归于土当更是没有问题的了。"(《鲁迅的故家·百草园·墓碑》)

人本源于泥土,终将复归泥土。小妹瑞姑在人间的生命虽短暂,但毕竟匆匆走过一回,虽然她或许没有什么清醒的人间意识,然而享有的亲情之爱却并没有少却一分,她在家人的心上踩下了小小的脚印,那脚印非但清晰,而且深沉。正如若子留下的一样,周作人从来都没有感到她在自己的心头上消失,那么自己的父亲伯宜公呢?也许在天国,他早已和自己的女儿瑞姑见面了吧? 女儿若子不会有妹妹当年的小坟头,自己也并没有像父亲那样为女儿立碑撰文,但对若子的思念,和父亲当年该是一样的,如果真有灵魂和天国,他倒真的盼望能和女儿也在那里相聚。

若子死的时候,周作人43岁。许多难挨的岁月在不算久远的将来等着他,有更多的日子让他怀念自己早夭的女儿,还有早就离开人间的亲人们……

水乡的乌篷船

水是绍兴的灵魂。

"我们本是水乡的居民……仿佛觉得生活的美与悦乐之背景里都有水在，由水而生的草木次之，禽虫又次之。"（《风雨谈·北平的春天》）周作人如是说。

绍兴是被水包围着的城市，或者说，绍兴是浮在水面上的城市。绍兴城旧有九门，水门就有六个。生于水乡的周作人对水有着很深的感情，他说这是一种"习惯"，其实是一种埋藏在意识深处的对于故土的眷恋。"水里有鱼虾，螺蚌，茭白，菱角，都是值得记忆的"。这种记忆恐怕也不是单单有这些具体的东西，就像汪曾祺的作品中漫漶的水气，是笔下带出的本于灵魂深处的那一种滋润与光泽，有时却是看不见、摸不着的存在。它牵绊着人的情绪、爱恋,无论走到哪里,怀念的感觉总会在心中浮动,荡漾。对此,周作人的感受(或者说法)是:"年来只在外面漂泊,家乡的事事物物,表面上似乎来得疏阔,但精神上却也分外地觉得亲近。"(《看云集·草木虫鱼·关于蝙蝠》)此刻,在想念故乡的时候,他就忘记了曾令他厌恶的潮湿和苦热,而满眼都是她的好了。他想起了在大雨天,穿着钉鞋到街上去买吃食的情景。不久,天晴了,钉鞋踏在石板上发出嘎啷嘎啷的声响,于是,被刚刚钻出家门的孩子嘲笑为:"旱地乌龟来了"。那情形当年觉得尴尬,现在却感到十分亲切了。这原本就是可以理解的事,何况家乡的风情与文化比起别处来总还是别有韵致的,如何能不想念呢?

在民间,任何事情都可以被赋予灵气和传说,比如绍兴的水,在鳞次栉比的屋舍间,傍着曲折逶迤的光亮石板路缓缓地流动着,黑瓦的屋顶倒映过,四季的树影抚摸过,太阳和月亮的光芒照射过,单调和迷幻的色彩浸染过,谁能说水不是最丰富、最神秘的事物呢?而且,当一只只乌篷船从水面上驶过,绍兴的水便成了天下最具特色的一道风景了。

水是有生命的,水是有故事的。别说靠着水一代代生存下来的人间的悲欢离合,便是水中的离奇的传说,也充满了奇异的色彩,而且往往和人间关联。周作人记得很多关于"河水鬼"的故事,那是溺死人的鬼魂,这些鬼魂的手段和吊死鬼差不多,都是引诱活人。小时候,周作人对这些故事很感兴趣,他曾经缠着父亲给他讲述。不过,河水鬼大都是很可爱的,它们样子娇小可爱,并不让人讨厌。而且他们的行为也颇可爱,至少是孩子们喜欢的:"(河水鬼)无论老的小的村的俊的,一掉到水里去就都变成一个样子,据说是身材矮小,很像是一个小孩子,平常三五成群,在岸上柳树下'顿铜钱',正如街头

183

的野孩子一样,一被惊动便跳下水去,有如一群青蛙,只有这个不同,青蛙跳时'不东'的有水响,有波纹,它们没有。为什么老年的河水鬼也喜欢摊钱之戏呢? 这个,乡下懂事的老辈没有说明给我听过,我也没有本领自己去找说明。"(《看云集·草木虫鱼·水里的东西》)

还有吊死鬼,也颇奇异。据说,吊死鬼时常骗人把头从圆窗里伸出去,看外面的美人或是美景,结果上了当,再也缩不回来了。看来,吊死鬼的注意力仍在人的头颈上。而河水鬼则幻化成种种物件,漂浮在岸边,人若果伸手去捞,就会被拉下谁去,旁人看来还以为是自己掉下去的。河水鬼利用的是人的贪心。它也会以此迷惑小孩子,变成什么"花棒槌"一类的玩具,引诱小孩子上当。周作人记得,他听这件事的时候十分用心,很怕哪一天忘了,同样上了河水鬼的当。不过,他从未觉得河水鬼有多么可怕,甚至还觉得它们的举止多少有点亲近之感,因为水乡的人对于别的死法或许一样的怕,但对于淹死倒也不是怕很多了,"瓦罐不离井上破,将军难免阵前亡",生活在水边,听说或见过溺水而亡的人多了,也就视之为平常。绍兴人不怕水。周作人说,水乡的居民"身边四面都是河港,出门一步都是用船,一层薄板底下,便是没有空气的水。我们暂时称强便只在水上的一刻,而一生中却是时时刻刻都可以落到水中去,若要怕它,岂不是没有功夫做别的事情了吗?"(《知堂回想录·二八 西兴渡江》)

周作人在北京呆久了,很不喜欢北京春夏期间的"蒙古风",细沙吹得到处都是,读书和写字之前,桌子上总要用手摸一摸,有时便会有细细的一层。而故乡只在夏秋之间有一种"龙风",往往在很好的天气里,伴着一片黑云忽然刮起,霎时天昏地暗,风暴大作,这又是北京没有的。但那样的水乡,即使再怎么刮风,沙尘永远是没有的。所以,想想也让人怀念。

周作人所谓"龙风",大概是今天所说的台风吧。龙风一来,邻家的淡竹林被吹得沙沙作响,北面楼窗的门板也格答格答地响个不停。水面上的乌篷船在浪尖上起伏荡漾,似乎一下子停止了前进,时刻有被凶险的浪头打翻的危险。那样的场面,周作人不但见过,还亲身经历过。有一次,周作人前往东浦吊其父保姆的丧,归途中曾遇到暴风雨,坐在两尺宽的小船上,在白鹅似的大浪里滚过大树港,几次似乎要翻了,他却安坐在船里,并不觉得恐怖。事后,他认为那次经历"危险极也愉快极了"。若是逢到细雨蒙蒙,坐在船中听雨则是难得的享受:乌篷船"下雨时照样的可以行使,不过篷窗不能推开,坐船的人看不到山水村庄的景色,或者未免气闷,但是闭窗坐听急雨打篷,如周濂溪所说,也未始不是有趣的事。再说舟子,他无论遇见如何的雨和雪,总只是一蓑一笠,站在后艄摇他的橹,这不要说什么诗味画趣,却是看去总毫不难看,只觉得辛劳质朴,没有车夫的那种拖泥带水之感。"(《立春以前·雨的感想》)

水乡的天空在晴朗的夏日总是明丽的,空气中的水气似乎慢慢凝聚到黑色的瓦沿上和闪着亮光的乌桕树叶上了。蝉声高唱,黄昏的野外蝙蝠群飞。这是最宁静的时刻,孩子们跑到城外水田之间的小径上,高声呼喊。他们会光着脚在和着稻香的清风中奔跑、嬉闹。

河汊纵横的土地上氤氲着水的气息,宽窄不一的河道从城中交错,编织成一片闪着水光的网。乌篷船就像一只只梭子,往来不断,满载着人们的生活。在绍兴,那个年代,没有人力车,没有电车,也没有汽车,除了在城里或者山上用轿子外,代步的工具就是船。船有两种,白篷的和乌篷的,白篷的是做航船用的,航程较远;乌篷的最为普通常见。1926年的冬天,居住在北京的周

作人感到很寂寞，也许别人家年节的气氛尚未散尽，夜晚听着零星的炮竹声,他深深地怀念起自己的家乡来。沉浸在清茶的雾气缭绕中,他仿佛看见水乡的乌篷船正朝自己驶来——他不见它们已经很久了, 在夜幕下的清净孤独中,忽然感到心中荡来一丝激动,他要给自己写一封信,把自己当作就要去他故乡的朋友,告诉"他"自己对于乌篷船的记忆,那些撩人梦境的画面,那些一去不再复返的日子:

……乌篷船大的为"四明瓦"(Sy-menngoa),小的为脚划船(划读如 uoa)亦称小船。但是最适用的还是在这中间的"三道",亦即三明瓦。篷是半圆形的,用竹片编成,中夹竹箬,上涂黑油;在两扇"定篷"之间放着一扇遮阳,也是半圆的,木作格子,嵌着一片片的小鱼鳞,径约一寸,颇有点透明,略似玻璃而坚韧耐用,这就称为明瓦。三明瓦者,谓其中舱有两道,后舱有一道明瓦也。船尾用橹,大抵两支,船首有竹篙,用以定船。船头着眉目,状如老虎,但似在微笑,颇滑稽而不可怕,唯白篷船则无之。三道船篷之高大约可以使你直立, 舱宽可以放下一顶方桌, 四个人坐着打马将……小船则真是一叶扁舟,你坐在船底席上,篷顶离你的头有两三寸,你的两手可以搁在左右的舷上,还把手都露出在外边。在这种船里仿佛是在水面上坐,靠近田岸去时泥土便和你的眼鼻接近,而且遇着风浪,或是坐得少不小心,就会船底朝天,发生危险,但是也颇有趣味,是水乡的一种特色。不过你总可以不必去坐,最好还是坐那三道船罢。

你如坐船出去,可是不能像坐电车的那样性急,立刻盼望走到。倘若出城,走三四十里路,(我们那里的里程是很短,一里才及英哩三分之一,)来回总要预备一天。你坐在船上,应该是游山的态度,看看四周物色,随处可见的山,岸旁的乌桕,河边的红蓼和白苹,渔舍,各式各样的桥,困倦的时候睡在舱中拿出随笔来看,或者冲一碗清茶喝喝。偏门外的鉴湖一带,贺家池,壶觞左近,我都是欢喜的,或者往娄公埠骑驴去游兰亭,(但我劝你还是步行,骑驴或者于你不很相宜,)到得暮色苍然的时候进城上都挂着薛荔的东门来,倒是颇有趣味的事。倘若路上不平静,你往杭州去时可于下午开船,黄昏时候的景色正最好看,只可惜这一带地方的名字我都忘记了。夜间睡在舱中,听水声橹声,来往船只的招呼声,以及乡间的犬吠鸡鸣,也都很有意思。雇一只船到乡下去看庙戏,可以了解中国旧戏的真趣味,而且在船上行动自如,要看就看,要睡就睡,要喝酒就喝酒,我觉得也可以算是理想的行乐法。……《泽泻集·乌篷船》)

周作人非常喜欢下雨天时"卧在乌篷船里,静听打篷的雨声",喜欢欸乃的橹声,还有摇橹人或岸边人"靠塘来,靠下去"的呼叫声,这个时刻,就像置身如梦的诗境之中。他写道:"倘若更大胆一点,仰卧在脚划小船内,冒雨夜行,更显出水乡住民的风趣,虽然较为危险,一不小心,拙劣地转一个身,便要使船底朝天。"(《周作人书信·苦雨》)但那是划船人劳作中自娱的方式。

雨天。水面上的乌篷船。周作人时常想起那幅故乡的水墨画面,他本就是个诗人。

城外的水田一望无际,河汉纵横间,满眼都是柔软的绿色。乌篷船穿梭其中,连接着小城和远处浩渺的鉴湖之水。唐朝的贺知章曾经写过鉴湖,以表思乡之情:"离家别乡岁月多,近来人事半消磨。唯有门前鉴湖水,春风不

改旧时波。"如果不是雨天,白云在蓝天上飘,小船在水面上荡,更有一番江南水乡的阔大和安谧,倘在会稽山上远远望去,流连忘返的感觉会越来越强烈,直到夕阳染红了半天和如镜的水面,方记起踏船而去,在铅灰色的天光下缓缓驶入小城的码头,那里,店面、酒肆的灯光已经点上了……

　　因为是水乡,传说便有远古大禹的行迹存留。"昔者禹堙洪水,亲自操橐耜而涤天下之川,股无胈,胫无毛,沐甚雨,栉疾风,置万国。"(《庄子》)大禹的足迹是否踏上过绍兴,已很难考证了,但周作人说:"会稽与禹本是很有关系的地方。会稽山以禹得名,至今有大禹陵,守陵者仍姒姓,聚族而居,村即名为庙下。禹之苗裔尚存在越中……"(《药味集·禹迹寺》)春天,是寻找禹迹、拜祭圣贤的最好时节。去往会稽山,可以登其高峰香炉峰。祭拜会稽山神的香客,乘船而来,在庙下登岸,可以顺便游览禹庙,游毕,在庙前村里的小店里吃饭小酌,酒好,农家的土菜更是别具风味,在城里是很少见到的,更是很少体验到的。就像现在大城市附近的山区,农家小院是最吸引城里人的地方,所谓"近郊游"是也,旅程很短,不费时间,又能得乡野之乐,是休闲和放松的好选择。郊游便需野餐,野餐首选农家,吃的并不高贵,却是绿色产品。一天回来,所得快活完全是自家的。周作人小的时候也是享受过这般农家乐的,所不同的是那时不是开私家车,而是乘乌篷船也。他还记得村中店家烧土步鱼的好滋味,还有游客所尊崇的野餐传统:"做酒饭供客,这是姒姓的权利和义务,别人所不能染指的。……大禹的子孙,现在固然只在农村,我们岂能不敬。别的圣贤的子孙或者可以不必一定敬,禹是例外,有些圣子贤孙也做些坏事,历史上姓姒的坏人似不曾有过。"周作人最佩服大禹,再就是范蠡,其实他们并非绍兴人,但要说他的佩服与他们在绍兴的史迹没有关系,那谁也不信。还有一个叫平水的地方，一看便知和大禹有关。周作人也曾乘了乌篷船周游过那里，那里的山水好呀，还出产竹木笋干茶叶，是一个十分有趣且迷人的山乡。

绍兴城东南五里的地方有座春波桥，也是一处胜迹，名气记在许多方志和典籍里。许多次坐乌篷船在桥下驶过，河水荡起细腻的涟漪，桥石斑驳，被水波的折光轻轻地抚摸，好像要抚平它身上那历史的皱褶。绍兴的桥多，水与桥是最美的诗歌意象之一，难怪诗人们总会对它们发生兴趣。生在绍兴的宋代诗人陆游与前妻唐婉的相见便是在绍兴的沈园，缭绕沈园的那一脉河水永远都没有带走陆游的思念和哀伤："落日城头画角哀，沈园非复旧池台。伤心桥下春波绿，曾见惊鸿照影来。"春波桥大概由此得名吧。

古桥、流水，很容易勾起时光匆邃、物是人非的感伤之情，尤其在春天，又尤其在春天的傍晚。站在桥头之上，目送流水汤汤，"逝者如斯"的浩叹也会发生在凡人身上。离别故土二十多年后，周作人在冬季万木萧疏的北平，忽然想起禹迹寺，想起沈园，想起春波桥，写下了一首诗：

禹迹寺前春草生，沈园遗迹欠分明，偶然挂杖桥头望，流水斜阳太有情。

周作人知道，那时的禹迹寺已经废弃，荒草丛生；沈园旧址早已不存，难觅放翁踪影；而乌篷船穿梭其下的春波桥也几经改造……小时候的一切只存留在记忆之中了。他真想再踏上一只停在埠头的乌篷船，去寻回往昔的旧梦，只要沉醉在梦中不再醒来，时光带来的改变就不会让他在睁眼的一瞬感到吃惊。

苦涩中的闲适情趣

——读周作人散文

周作人的弟子康嗣群在 1933 年 11 月 1 日《现代》第四卷第一期发表了一篇题名为《周作人先生》的文章，记录了他读周作人小品文的感受：

……周作人先生以冲淡的笔调，丰富的知识和情感，和颇为适当的修辞来写出他的嗜好，他的生活，他的诅咒和赞美，他的非难和拥护……在他的文章里只有善意的劝告和委婉的商榷，听不见谩骂的恶声，也看不见愤然的丑恶的嘴脸……读他的文章，好像一个久居北京的人突然走上了到西山去的路，鸟声使他知道了春天，一株草，一塘水使他爱好了自然，青蛙落水的声音使他知道了动和静，松涛和泉鸣使他知道了美;然后再回到了都市,他憎恶喧嚣,他憎恶人与人之间的狡狯,他憎恶不公平的责罚与赞美,他憎恶无理由的传统的束缚。呵,这是多么神奇的一个旅行,充满了隐逸和叛逆的一个旅行。每个"寻路的人",请在走到你的终点之前,分出一点时候,只要一点就够了,去走一走这条路,并且看看那路上的一切,如果你不是急急的在赶路的话。(转引自孙郁、黄乔生主编《知堂先生》)

周作人的散文创作是极其复杂的,闲适与驳杂集于一体,渊博与深邃凝于一身,简素与苦涩相得益彰。其中,"说道理","讲情趣",是周作人创作的最显著特征之一,他也以此自得。道理和情趣均来自读书和生活。情趣得之于品,道理得之于思。道理与情趣编织出了闲适、高雅、独异的文字。尽管品思之外我们还能嗅到文字之外的幽苦气息,若斋中的苦茶,若斋外的苦雨。1924年,不到四十岁的周作人就写过这样的话:"像我们将近'不惑'的人,尝过了凡人的苦乐,此外别无想做皇帝的野心,也就不觉得还有舍不得的快乐。我现在的快乐只想在闲时喝一杯清茶,看点新书(虽然近来因为政府替我们储蓄,手头只有买茶的钱),无论他是讲虫鸟的歌唱,或是记先哲的思想,古今的刻绘,都足以使我感到人生的欣幸。"(《泽泻集·死之默想》)这可以看出周作人试图以一种近乎出世的淡然态度应对生存,然而这淡然之中又浸染着苦涩的真味,即他自己说的"涩味与简单味"的糅合与混成。唯其如此,才可能对闲适的乐趣体会深切。从中也可以看出,在儒家思想以外,他受佛家的影响的确亦很深。说道理的文章也许就是他自称的"正经文章",讲情趣的则是他的"闲适"之作了。不过,有时候也往往难以分得很清,正经文章里面也会点缀些许闲情雅趣,闲适文章里面也包含着不少浅易深邃的道理。

这些文字虽然都可以称得上简素，但却都渗透着周作人沉重的过去。舒芜先生称其散文"驳杂随意，潇洒大气"，盖指此乎。

读懂周作人实在是很难的，因为他的文章并不甜美得让人舒服，闲适得让人忘世。他对改造国民性渐渐失去了信心，对国民政府从来就没抱过信心，所以才从思想家而成学问家，这是"带性负气之人"选择的路，类似陶渊明，"心头的火虽在冷灰底下，仍是炎炎燃烧着"。（刘绪源《解读周作人》，上海书店出版社，2008年6月第一版）也就是说，周作人看似闲适的文字背后包含着深广的忧愤。舒芜先生曾经谈到过对周作人的误读问题，他是很担心普通的读者窥了一斑而以为是全豹，而把周氏理解为纯然写作闲适小品的作家，他说："相当一些读者的心目中，周作人成了纯然闲适、轻松、飘逸、清雅的形象，以此而受欢迎，这也许是适应了'文革'以后渴求抚慰的人心的需要，实在却是误读。"（《误读知堂》，载《文汇读书周报》1994年6月18日）这种担心现在看来依旧存在，因为虽然早已告别了舒芜先生担心的历史文化因素，但文学的市场化日将散文引向了纤细甜美的路途，很多出版家便将周作人好看易读的闲适文章结集推向市场，以求得利润的方便。这也是没办法的事情。我们既然知道了周作人散文的真味是"苦涩"，那么，多读读他的"闲适"也是好的。只是品味闲适的轻松、快意之外，对于他文字深处隐含的东西——那些苦闷、阴沉与痛楚不可视为乌有。刘绪源指出："在知堂小品中，通篇都是用以表达作者自己的'余情'的，这种余情往往通过作者对平凡的日常生活的琐细关怀，和对于各种名物的细切体味与介绍，很自然地表达出来。所以说，对于日常生活与各类名物的描写，正是知堂小品达到'丰腴'的主要途径。"（刘绪源《解读周作人》）这种"丰腴"的"余情"，正是体味周作人小品闲适情趣的妙处所在。

在周作人看来，闲适包含了闲适的情趣和闲适的态度，虽然如此，文章中的"贵族气"是不能少的。他所谓"贵族气"，当是闲适之中仍有高雅庄重、温润浑厚的分子，文字的平淡中灌注着质朴、高贵的气韵。也许苦涩正是得见他散文高雅庄重的主导因素吧。"诗贵远不贵近，贵淡不贵浓。"这与周作人的性情是十分相关的，废名曾经说过："知堂先生的德行，与其说是伦理的，不如说是生物的，有如鸟类之羽毛，鹄不日浴而白，乌不日黔而黑，黑也白也，都是美的，都是卫生的。"（《知堂先生》，转引自程光炜编《周作人评说八十年》）周作人深得中庸之妙，他似乎是一位坐在豆蓬瓜下，一边品苦茶，一边与人漫谈、说话的老者，浮华散尽，返璞归真，总要把自己独特的人生经验、独特的发现、独特的趣味诉之于人，在素淡瘦劲的讲述中，享受静谧、寂寥的光阴。此间，他也许不得已而拥有了"闭户读书"的消极，但又在写作"无用文章"中，自怪积极的写作妨害了"为自己而写的主义"，这多少是自我安慰的借口，也有点"独善其身"和"兼济天下"的矛盾，这是中国知识分子内心最基本的矛盾，所以，闲适也很难是坦然的闲适，倘换一个角度，倒是更能见出深沉且广大的压抑与忧愤。这多少有点像我们读海明威的写钓鱼，实则是在独自而默然地疗救战争的创伤而已，不过显现在字面上到处都是美丽的景致和钓者的专心罢了。从这个角度看周作人，以其博学多闻，徜徉于"情思"与"知识"中，披览杂著，记录趣闻，发现知识，讽喻时事，不也是苦中的乐事吗？他的这部分散文才是文境最高者，当比"有用的文章"更为博大精深。、

"文章千古事，得失寸心知"，成败其实并不取决于作者是否用意，一切均取决于时间。周作人当年对自己的书斋命名为"知堂"，曰："孔子曰，知之

为知之，不知为不知，是知也。荀子曰，言而当，知也；默而当，亦知也。此言甚妙，以名吾堂。昔杨伯起不受暮夜赠金，有四知之语，后人钦其高节，以为堂命，由来旧矣。吾堂后起，或当作新四知堂耳。虽然，孔荀二君生于周季，不新矣，且知亦不必以四限之，因截取其半，名曰知堂云耳。"（《看云集·自序》）"知堂"虽落点于"知"，表明周作人对"知"抱着老实、谦逊的态度，但"知堂"实则是他求闲适、避风雨，面对冷酷现实，难以"放下"、又不能不"放下"的象牙之塔，他只有躲在其中苦心经营自己的文字，这种经营已经超越了时间的界限，一次次在空寂中传递出令人回眸的幽邃音响。

郁达夫评价周作人的文章说："周作人的文体又来得舒徐自在，信笔所致，初看似乎浪漫支离，过于繁琐。但仔细一读，却觉得他的漫谈，句句含有分量。"抛开文字背后的孤寂无奈，灵魂的无所依傍，单看文字本身，也是最美的享受。因为素淡过后，品出的滋味却是淳厚；淡泊之外，看到的当是持重与严谨，又多透露着精心布排的随意。这是多么难得的境界。对生活物象的品呷，情感在理性关照下的舒放自如，果然是一种纯美的境界，它让我们在认识生活的同时，得到的何止是琐碎的知识，简直就是生活的究竟，人生的根本。散淡之中才有真味，所谓至味无味是也。周作人眷恋人间的滋味，他说："闲时喝一杯清茶，看点新书，无论他是讲虫鸟的歌唱，或是记贤哲的思想，古今的刻绘，都足以使我感到人生的欣幸。"（《知堂文集·死之默想》）对于非人间的所谓"长生不老"的去处，他是"一点都不喜欢的"："住在冷冰冰的金门玉阶的屋里，吃着五香牛肉一类的麟肝凤脯，天天游手好闲，不在松树下着棋，便同金童玉女厮混，也不见得有什么趣味，况且永远如此，更是单调而且困倦了。"（同上）可见，不存妄想的人间生活、朴实自在的平民心态，在周作人看来是最最宝贵的。学者孙郁说:"他那样执著地沉湎在小品文的创作里,把自己的理想,自己的审美意识,几乎都融化在那片素雅的王国里。周作人在娓娓的闲谈中,从尘世的琐碎的场景、事件里,捕捉着属于自己的那种情趣。喝茶、看雨、饮食起居,在作者眼里都浮上了一层古朴的气韵。作者在普通的、司空见惯的风俗里,体味到了人间的美味……"(《鲁迅与周作人》P172,辽宁人民出版社,2007年1月第1版)

至味自在心中

——周作人谈饮食

　　美味之于口，美色之于目，既钩人欲望，又给人享受。惟其将欲望变作审美，才可从中获得人生的真滋味，亦可从中悟得生命的真谛。道蕴于万物之中，若禅宗所言，在万物，在举手投足，在日常生活，在"当下即是"。比如知堂的写吃，并不在吃了多少人间大餐，享用了多少海参鲍鱼、鸡鸭鱼肉，而在于吃的时候品尝到了食物味道之外的东西，其中有文化，有境界，甚至有道。即便粗茶淡饭、田间野蔬，也食之若甘饴，味之若无穷。孔子当年"惶惶然若丧家之犬，凄凄然若漏网之鱼"，但依旧讲"食不厌精，脍不厌细"，并不是孔子穷讲究，而是提醒大家要认真地对待饮食，有一颗虔诚之心,这既是礼的要求,也是为了在这一过程中体会人之为人的尊贵与快乐。中国的烹饪艺术具有很高的审美价值,是一种审美文化,绝不单单是为了吃,而讲求"色、香、味、形、器"的。于是,在中国人这里,吃变成了一个很复杂的综合性艺术。吃,承载了所有汉文化的内涵,其用于果腹的使用价值到退而居其次了。但老百姓过日子恐怕不会天天如此讲究,可吃中的的文化含量丝毫没有降低。知堂在他的散文中写过故乡的野菜,写过各地的小吃,都是极贱极便宜的东西,他却描绘的情趣盎然、津津有味。前几天接到一位朋友的短信,说:"没钱的时候,在家里吃野菜;有钱的时候,到酒店吃野菜",说明日子好了,野菜却入不得家宴了。过去的生活虽然穷苦,但也有现在再也找不到的趣味,因此,寻找野菜吃的过程也便成了寻找旧时记忆的过程,其中体味到的快乐是吃别的大餐所无法替代的。周作人就写过故乡的野菜,也许对故土野菜的怀念不单是一种文人情结吧:

……荠菜是浙东人春天常吃的野菜,乡间不必说,就是城里只要有后园的人家都可以随时采食,妇女小儿各拿一把剪刀一只"苗蓝",蹲在地上搜寻,是一种有趣味的游戏的工作。那时小孩们唱道,"荠菜马兰头,姊姊嫁在后门头"。后来马兰头有乡人拿来进城售卖了,但荠菜还是一种野菜,须得自家去采。关于荠菜向来颇有风雅的传说,不过似乎以吴地为主,《西湖游览志》云,"三月三日男女皆戴荠菜花。谚云,三春戴荠花,桃李羞繁华"。(《知堂文集·故乡的野菜》)

还有黄花麦果、紫云英,都是可以吃的野菜,不单味道美,而且还附着了

许多和风俗有关的文化内容，有的甚至还是孩子们喜欢的玩物，如紫云英的花球。而且，紫云英那可以铺展数十亩的紫红色小花，一眼望去如华美的地毯，一片锦绣，这是周作人最喜爱的。

除了野菜，周作人很怀恋故乡的其他吃食，他不但在很多文章中写了那些不见于外籍的吃食，还在许多文章中记录了其中的做法，而且，对于外乡人不解的"臭食"每每有辩护和讲解。比如对于极为普通的苋菜梗的吃法，周作人曾很有兴致地详细记录过：

苋菜梗的制法须侯其"抽茎如人长"，肌肉充实的时候，去叶取梗，切做寸许长短，用盐腌藏瓦坛中，候发酵即成，生熟皆可食。平民几乎家家皆制，每食必备，与干菜腌菜及螺蛳霉豆腐千张等为日用的副食物，苋菜梗卤中又可浸豆腐干，卤可蒸豆腐，味与"溜豆腐"相似，稍带枯涩，别有一种山野之趣。读外乡人游越的文章，大抵众口一词地讥笑土人之臭食，其实这是不足怪的，绍兴中等以下的人家大都能安贫贱，敝衣恶食，终岁勤劳，其所食者除米而外唯菜与盐，盖亦自然之势耳。干腌者有干菜，湿腌者以腌菜及苋菜梗为大宗，一年间的"下饭"差不多都在这里，《诗》云，我有旨蓄，可以御冬，是之谓也，至于存置日久，干腌者别无问题，湿腌则难免气味变化，顾气味有变而亦别具风味，此亦是事实，原无须引西洋干酪为例者也。（《看云集·草木虫鱼·苋菜梗》）

而且对于苋菜梗这样的吃食，周作人觉得还是很有现实意义：

……咬了菜根是否百事可做，我不能确说，但是我觉得这是颇有意义的，第一可以食贫，第二可以习苦，而实在却也有清淡的滋味，并没有蕺这样难吃，胆这样难尝。这个年头儿人们似乎应该学得略略吃得起苦才好。中国的青年有些太娇养了，大抵连冷东西都不会吃，水果冰激凌除外，我真替他们忧虑，将来如何上得前敌，至于那粉泽不去手，和穿红里子的夹袍的更不必说了。……(同上)

自古以来，文人的雅趣离不开喝茶、吃酒。会友也罢，独酌也罢，快乐也罢，苦闷也罢，人生的调剂也罢，避世解脱的手段也罢，喝茶、吃酒总能给人带来精神的抚慰，哪怕只是暂时的。在这一过程中，人的情绪得到了释放，灵魂得到了舒张，内心有了片刻的安宁与闲适——当然，这是真正懂茶与酒的人才能体会得到的，周作人没有阮籍生命的痛苦与灵魂的苦闷，没有陶渊明不为五斗米折腰的骨气和归隐田园的慎独之决绝，更没有李白的豪侠与狂放，所以，他对于酒并没有体会出更多的乐趣，对"醉后的陶然境界"颇不了解，只能怀着些许的羡慕之心，因为他"自饮酒以来似乎不大陶然过，不知怎的我的醉大抵都只是生理的，而不是精神的陶醉"。周作人也许真的属于不能饮酒的一种人，所以对"杯中物"带来的快乐也只能算是种猜想："我想悦乐大抵在做的这一刹那，倘若说是陶然那也当是杯在口的一刻罢。醉了，困倦了，或者应当休息一会儿，也是很安舒的，却未必能说酒的真趣是在此间。"(《知堂文集·谈酒》)从饮酒联想开去，周作人对于喝酒的姿态有着自己的判断，也对现世和未来因饮酒而带来的世风变化有着淡淡的隐忧：

……昏迷,梦魇,呓语,或是忘却现世忧患之一的法门;其实这也是有限的,倒还不如把宇宙性命都投在一口美酒里的耽溺之力还要强大。我喝着酒,一面也怀着"杞天之虑",生恐强硬的礼教反动之后将引起颓废的风采,结果是借醇酒妇人以避礼教的迫害;沙宁(Sanin)时代的出现不是不可能的。但是,或者在中国什么运动都未必彻底成功,青年的反拨力也未必怎么强盛,那么杞天终于只是杞天,仍旧能够让我们喝一口非耽溺的酒也未可知。倘若如此,那时喝酒又一定另外觉得很有意思了罢。(《同上》)

沙宁,现在通译做萨宁,是俄国作家阿尔志跋绥夫 1907 年发表的小说《萨宁》的主人公。俄国 1905 年革命失败后,颓废主义文学充斥文坛。而阿尔志跋绥夫的这部长篇小说正是俄国颓废主义文学流派开先河之作。青年主人公萨宁是个极端的个人主义者,对社会、政治、思想、道德一概采取虚无主义的态度,表现出浓厚的无政府主义思想的色彩。悲观厌世的社会观表现在了主人公个人与社会之间矛盾冲突的各个方面。但萨宁的虚无根子在社会,却并不是饮酒导致的。

酒有好的一面,自然也有坏的一面,一个内心比较和谐的人,饮酒可以养生,可以促进血液循环,可以得人生的喜乐;而一个痛苦的人、不得志的人,喝酒便往往是排解苦闷,喝酒以排解苦闷只能是暂时的麻醉,人生的问题到了无可奈何的时候,也只有靠最终的酗酒得以不断的麻醉吧。这就像法国著名画家劳特雷克(1864~1901)一样,天才的头脑和残疾的身体所带来的灵与肉的冲突和对决,终于使他找到了酒的媒介得以发泄,却以 37 岁的年纪过早死去。

所以，周作人对酒是怀着保留态度的，相反，他对饮茶倒充满兴趣，并也乐在其中。喝茶是讲求情调的，这也是中国文人的传统，陆羽《茶经》那样的书恐怕只有中国才会有。茶事是文人的雅事，非一般老百姓的解渴，重在品。难怪贾宝玉连喝三盅后就要被妙玉讽为"牛饮"了。当然，老百姓的茶恐怕不会是"西湖龙井"、"大红袍"、"冻顶乌龙"、"观音王"之类上品，喝茶本就为解渴，哪怕牛饮也不为过。但文人的喝茶是讲究品位的，所谓的茶道、茶文化，非囊中羞涩者可以传承。但我以为，喝茶的乐趣不在茶的品级，而在人的品级，真正懂茶的人应该是世事洞明的智者，那么，茶的好与坏就非关茶本身了，而是关乎品者的心胸和境界。这方面，周作人可以算得上一个有品位的品茶者。他说："喝茶以绿茶为正宗，红茶已经没有什么意味"，加糖与牛奶的茶更说不上是什么了。还说："我的所谓喝茶，却是在喝清茶，在鉴赏其色与香与味，意未必在止渴，自然更不在果腹了。"他所向往的喝茶是不失本意的、颇有古风的、与"饭馆子之流"的"洋场化"大有区别的，或许还是接近于茶道的：

　　喝茶当于瓦屋纸窗下，清泉绿茶，用素雅的陶瓷茶具，同二三人共饮，得半日之闲，可低十年的尘梦。喝茶之后，再去继续修各人的胜业，无论为名为利，都无不可，但偶然的片刻悠游乃正亦断不可少。(《知堂文集·吃茶》)

品茶实在是品烦劳之外的惬意人生，惟其短暂，方有趣味。周作人不单善品茶，而且还颇懂得佐茶的点心，这也有助于他在吃酒、饮茶之外体悟到闲适的真味吧，他说："我们于日用必需的东西以外，必须还有一点无用的游

戏与享乐,生活才觉得有意思。我们看夕阳,看秋河,看花,听雨,闻香,喝不求解渴的酒,吃不求饱的点心,都是生活上必要的——虽然是无用的装点,而且是愈精炼愈好。"(《知堂文集·北京的茶食》)

茶、酒,本是一种媒介,独酌也好,与朋友小聚也罢,只要不是全为解渴的"牛饮"和排解苦痛的"买醉",便可以得到生存的清趣,对于精神的怡养大有裨益。

还有一种闲适,便是书信、短札的往来,若古人的小品,未必大谈道德文章、人生理论,而是无可不谈,有言则说,无言则止,兴之所至,信手拈来,若魏晋风度,如陶景宏之"岭上白云"。这类似于品茶,只是与远方的朋友做无声的对酌,可称为"神饮"。笔砚之侧,恐怕也少不了一盏清茗的。周作人也写过这类文字,短而有味,淡却有情,不失闲适中的交流,交流中的闲适。不妨录几篇他写给废名(冯文炳,号常出屋斋主人)、沈启无(字茗缘)的短札,以窥其闲适之趣:

常出屋斋主人:

来信收到。适接到由青岛转来的信一封,特为送去,乞收览。山中春色何如? 山门虽旧,枣树想健在也。莫须有翁回山,想其故事又可得而记欤。

药芦。(二十四年四月二十日)

常出屋斋主人兄:

今日城内大热,不知山中如何,仍常出屋否?不佞亦颇心闲,故虽热无碍,只是文章也做不出,而欲做之心则一日未歇也。不知近来是在写散文,抑仍写诗乎？鄙意作诗使心发热，写散文稍为保养精神之道，然此亦是一种偏见，难得人人同意也。余略。匆匆顺问起居佳胜。

七月三十日，作人。（二十年）

茗缘道兄：

明日上午须赴秋心居士追悼会，下午康公约谈，当在庵拱侯，如不怕热亦无妨降临，共喝啤酒汽水也。白杨虽有声，而风若无力，不能解暑，仍觉得无凉意，不过在苦茶庵总还不能说是怎么热耳。匆匆。

知堂，七月八日。（二十一年）

（《周作人书信》）

这样的短信非有淡泊且真实的心境不能写得，虽寥寥几言，亦可令读者深解其味。

有趣的怪语

——周作人《哑巴礼赞》摭谈

　　周作人的随笔并不只从闲散中寻找自我安慰,作为疗养自己精神的药和补品，还要拿出一点来对症下药于社会的弊病和人生的苦痛。这样的文字中,还能隐约看到他的"战斗精神",其中很多真知灼见既是对国人生存智慧的体悟，也是一种深刻的文化批判。由此得见,周作人并非只写些非关痛痒、只求一己心宽、一己身安的文字,而对社会和文化始终不忘观察和反思，即使远，即使无关痛痒,也表明了自己的立场和态度。比如,在《看云集·三礼赞》的"哑吧礼赞"中他就写过一段既含讽刺、又颇心痛的文字:

语云，"病从口入，祸从口出。"说话不但于人无益，反而有害，即此可见。一说话，话中即含有臧否，即是危险，这个年头儿。人不能老说"我爱你"等甜美的话，——况且仔细检查，我爱你即含有我不爱他或不许他爱你等意思，也可以成为祸根，哲人见客寒暄，但云"今天天气……哈哈哈！"不再加说明，良有以也，盖天气虽无知，唯说其好坏终不甚妥，故以一笑了之。往读杨恽报孙会宗书，但记得"种一顷豆，落而为萁"等语，心窃好之，却不知杨公竟因此而腰斩，犹如湖南十五六岁的女学生们以读《落叶》(系郭沫若的，非徐志摩的《落叶》)而被枪决，同样地不可思议。然而这个世界就是这样不可思议的世界，其奈之何哉。几千年来受过这种经验的先民留下遗训曰，"明哲保身"。几十年来看惯这种情形的茶馆贴上标语曰，"莫谈国事"。吾家金人三缄其口，二千五百年来为世楷模，声闻弗替。若哑巴者岂非今之金人欤！

常人以能言为能，但以有因装哑吧而得名者，并且上下古今这样的人并不很多，即此可知哑吧之难能可贵了。第一个就是那鼎鼎大名的息夫人。她以倾国倾城的容貌，做了两任王后，她替楚王生了两个儿子，可是没有对楚王说一句话。喜欢和死了的古代美人吊膀子的中国文人于是大做特做其诗，有的说她好，有的说她坏，各自发挥他们的臭美，然而息夫人的名声也就因此大起来了。老实说，这实是妇女生活的一场悲剧，不但是一时一地一人的事情，差不多就可以说是妇女全体的命运的象征。易卜生所作《玩偶之家》一剧中女主人公娜拉说，她想不到自己竟替膜不相识的男子生了两个子女，这正是息夫人的运命，其实也何尝不就是资本主义下的一切妇女的运命呢。还有一位不说话的，是汉末隐士姓焦名先的便是。吾乡金古良作《无双谱》，把这位隐士收在里面，还有一首赞题得好：

"孝然独处,绝口不语,默隐以终,笑杀狐鼠。"

并且据说"以此终身,至百余岁",则是装了哑吧,既成高士之名,又享长寿之福,哑吧之可赞美盖彰彰然明矣。

世道衰微,人心不古,现今哑吧也居然装手势说起话来了。不过这在黑暗中还是不能用,不能说话。孔子曰,"邦无道,危行言逊"。哑吧其犹行古之道也欤。

周作人之礼赞哑巴,并不在说人人装聋作哑是一件多么开心的事,以之为自保手段,恰恰是因为社会的黑暗与残酷。除了真正的哑巴外,人有说话的本能和需求,而主动放弃之,则说明能引火烧身的口只留下吃饭的功能是最安全的。专制社会剥夺了人说话的自由,也算人类史上最大的苦难之一了。故民主自由对于人生是多么重要和可贵。周作人的礼赞哑巴,其实意在指出会说话的要多多沉默才好。他认为沉默一是可以省力,益于健康,二是可以省事,不招惹是非。因为"人之相互理解是至难——即使不是不可能的事,而表现自己之真实的感情思想也是同样地难。"(《知堂文集·沉默》)这恐怕也是他要"闭户读书"、做点闲文的原因吧。此文中之"娼女礼赞"、"麻醉礼赞"也颇可观,都是极为有趣的怪语,但又都在探求无奈甚至痛苦人生中的通达与解脱,言辞颇多诙谐、委婉。由此得知,从另一个角度看人生,或许更为独特、深刻。

寻找精神的药和补品

——谈周作人的读书生活

　　周作人的写作旨在寻找精神的药和补品,其实他的读书也是如此。周作人写过大量的书话作品。读书,大概是他获得闲适情趣最好、最便捷的途径了,在对书的品咂之中,他获得了最大的精神享受。他曾为新文学的诞生鼓与呼,也曾大力引进西方现代的文学,并号召过青年多读外国书,但他自己似乎更喜欢读中国的书,尤其在中年之后,大概与他经历了波谲云诡的时代风云后,希望躲进书斋喝苦茶、读闲书的心境有关。1927年之后,周作人在社会的日趋黑暗中陷入人生的苦闷,他徘徊彷徨,寻找解脱之径。既不想为了"出口鸟气"被枪毙掉,也不想变得沉默忧郁终至自

杀，也不想去找无聊的消遣——"抽大烟，讨姨太太，赌钱，住温泉场等，都是一种消遣法，但是有些很要用钱，有些很要用力，寒士没有力量去做。我想了一天才算想到了一个方法，这就是'闭户读书'。"（《永日集·闭户读书论》）这种努力终于有了结果，在《药堂语录·后记》中说："近数年来多读旧书，取其较易得，价亦较西书为稍廉耳，至其用处则不堪庄严，大抵只以代博弈，或当作纸烟，聊以遣时日而已……读一部书了，偶有一部分可喜，便已满足，有时觉得无味，亦不甚嫌憎，对于古人何必苛求，但取其供我一时披读耳，古人云只图遮眼，我的意思亦止如此。读过之后或有感想，常取片纸记其大概，久之积一二百则，有友人办日报者索取补白，随时摘抄寄与，二三年来原稿垂尽矣。"从这里可以看出，他的书话写作源于读书，而读书原不只为了写作，写作只是读书时的感受、乐趣使然。这种超然的态度，大概就是一种名士风度吧。周作人的读书和写作更多是出于一种散淡中的乐趣，是性格冲淡平和的最自然的流露。周作人的一生基本是在书斋里度过的，在书和纸笔面前，他不曾懒惰过，若是没有兴趣，则大丈夫也难为。

周作人嗜书、嗜读，也是能读、善读的人，在庞杂的阅读中能品出真味道，产生新见解，则非一般读书者所能为。在他看来，即便是不入正道人法眼的闲书，倘读出了兴味，得到了快乐，不也是人生一大幸事吗？所以，周作人的阅读绝大多数不在四书五经、圣人说法，而在民间之杂家，情趣昭彰之作，比如，他喜欢看关于鬼怪的笔记小说，在遍揽这类作品后，对其品格高下、文章辞彩、艺术水准均有自己的心得。他说："谈鬼怪殊有佳趣，但须以艺术出之，东坡居士强人说鬼，云姑妄言之，甚能得此中三昧。为说鬼而说鬼，第一必须说得好才行。文章宜朴质明净，六朝唐人志怪最擅胜场，传奇文便已差了，则因渐趋于华丽雕饰，《阅微草堂》与《聊斋》之比较亦正是如此。第二必须无所为，即不讲因果以至譬喻。讲到这里，《聊斋》却又要胜一筹，盖其记狐鬼艳情中有别无用意者，而《阅微草堂》于此全无是处，只是文尚佳，故或可一读耳。"（《药堂语录·洞灵小志》）即便读不登大雅之堂的鬼故事，也非仅在满足好奇心，以搜集奇谲怪异为快，纯然为了刺激。对写作者笔下的文字也须批沙炼金，有一种审美的高度。所以，他认为，即便写鬼，也要写鬼趣，而鬼趣又本于人情，这样才妙，才是好读、好玩的文章，如果用鬼故事行教化，则无趣味可言了。这真是有见地的评说。即便对于读经，他也不全然反对，他强调的是读书不能被前人所束缚，见地不落古人窠臼："中国古来的经书都是可以一读的，就只怕的钻进经义里去，变成古人的应声虫。"（《秉烛谈·读风臆补》）文学的功用并不完全等同于教化，更不在于猎奇，而在于培养人的情志和审美，所以，周作人的评论，完全出于自己的感想，而不落于正统、严肃的批评窠臼。这是他一再号召并笃行的批评观，他在《谈龙集·文艺批评杂说》中说道："我以为真的文艺批评，本身便应是一篇文艺，写出著者对某一作品的印象与鉴赏，绝不是偏于理智的论断。""所谓文艺批评便是奇文共欣赏，是趣味的综合的事……"，"真的文艺批评应该是一篇文艺作品，里边所表现的与其说是对象的真相，无宁说是自己的反应。"

读书的境界还在于闲适之中有自己的发现和独到的心得。即便没什么大意义，仅求自娱，而终能得意忘形者，也是读书的神仙境界了。倘若自己的认识与古人相契合，在书中得遇知音，则读书的喜悦自油然而生者也。周作人时常遇到这样的事，如他读光绪辛卯年刊的江阴郑守庭之《燕窗闲话》时，便自有一分得意存焉：

《闲话》所记悉其半生阅历，不说果报妖异，自有特色，虽大事不出教读赈济讲乡约诸端，但写小时候琐事，亦复朴实可取。有一节云："予少时读书易于解悟，乃自旁门入。忆十岁随祖母祝寿于西乡顾宅，阴雨兼旬，几上有《列国志》一部，翻阅之，解仅数语，阅三四本后解者渐多，复从头翻阅，解者大半。归家后即借说部之易解者阅之，解有八九。除夕侍祖母守岁，竟夕阅《封神传》半部，《三国志》半部，所有细评无眼详览也。后读《左传》，其事迹已知，但于字句有不明者，讲说时尽心谛听，由是阅他书益易解矣。然所解时有谬误者……克谐之后学问大进也。思之俱堪发粲。"余前作《我学国文的经验》一文，曾说以前所读之经书于我毫无益处，后来之能够略写文字，乃是全从别的方面来的，这即是看闲书小说。平常我劝青年多学外国文，主张硬读，对于一种文字约略入门之后，便来查字典看书，头一次即使之懂得十之一二，还是看下去，随后覆阅就可懂三四分，逐渐进至七八分之多，那便有了把握了。郑君所说差不多即可为我作证明，古人云，德不孤，必有邻，其是之谓欤。（《药堂语录·燕窗闲话》）

这其实也并非一种得意，而是经验之谈。中国人读书向来是喜欢正襟危坐的，也喜欢死扣什么"微言大义"，结果，全没了读书的乐趣。周作人那个年代之前是如此，因为他所受过的私塾教育还是遵循着儒家之道，从读经入手，即便小孩子不懂，也要摇头晃脑地背诵。所以，扼杀了阅读的自觉和兴味。对于读书，周作人很感激自己祖父的教诲，他主张小孩子可以先读小说之类，既可得乐趣，又能由浅入深，在不入正统的杂书里寻找快乐，学问也可无意得之。悲哀的是，现在的读书者，尤其以读书谋生者，无不以立说为务，几乎无不是怀着功利心去读,要去评教授,当"博导",学问既没做好,书也绝做不到率性而读,往往硬了头皮,盘桓踟蹰于垃圾阅读之中,偏离真正的读书享受远矣。然饭碗不能丢,物欲不能弃,枷锁套于身,精神难自由,实乃重蹈科考文人覆辙的一大悲剧。

读书可生出无尽的联想,许多故事、情趣存于不同的书中,靠阅读者的头脑连缀在一起,品出意外的滋味,也是一大乐事。比如前人对科举的憎厌附于文字、书纸,嘲讽之意寓于情文并茂的故事,周作人将其掇拾一处,意趣流于笔端,却又不必多言,《朱詹》一文可作代表:

阅焦广期《此木轩杂著》,卷三中有《近科大小题时文题辞》一则云"吾家一切什物不能备,其最多而无用者,独近人所为制举文字耳。以与人,人无欲者,则类而存之,盈几可二百余卷,卷三四百纸,盖积渐致然,然其势犹未已也。噫,此诚何所用哉。北齐时有义阳朱詹者,累日不爨,常吞纸以实腹。不幸遭值荒岁,此几上累累者,庶可备数月之粮乎。"案傅青主有《书成弘文后》一篇,对于八股痛詈恶詈,焦君生于康熙时,亦发此论,流风遗韵犹未断绝,而以诙谐出之,觉得更别有风趣。所引吞纸事见《颜氏家训》卷三《勉学篇》中,原文云,"义阳朱詹世居江陵,后出扬都,好学家贫无资,累日不爨,乃时吞纸以实腹。寒无毡被,抱犬而卧,犬亦饥虚,起行盗食,呼之不至,哀声动邻。犹不废业,卒成学士,官至镇南录事参军,为孝元所礼。"据此则朱詹盖在南朝,是梁时人,上文云北齐,殆以颜氏而致误。古时纸用楮皮,或者因此聊可代食,若后来竹纸,虽与笋亦是一类,似难适用,焦君备荒之意恐亦徒然耳。闻近代文明国家节省用纸,改造丝缕以代布帛,古人轻视文章,谓饥不可

食,寒不可衣,今似已足证明其不确,但此等用处亦当以不著一字的白纸为宜,则文章仍然是不必要者也。抱犬而卧,足为勤学之佳话,比囊萤映雪犹有情味,却亦亏得颜君娓娓叙说,有文情相生之妙。曾闻笑话云,有乞丐数人寒夜露宿,身披蒲包而苦足冷,乃觅犬子用以温脚,夜半一人大叫,或询其故,答曰,足指为毡毯所咬伤。今昔庄谐虽有不同,亦正是无独有偶也。钱木庵《出塞纪略》记在归化城左近见华严塔元人题名,有句云,今人同古人,残月如新月,岂不信哉。(《知堂语录》)

周作人阅读轻松随意,凡所披览,皆找与自我情趣契合处,往往得一触动,则浮想翩然,却不胡乱驰骋文思,而于书籍之勾连处行发现之旅,得比较之快。彼时之乐,无可取代。虽曾云"抄笔记",但绝非"含毫呫墨,摇头转目"者。故,这等笔记,学养出焉,思想出焉,情志出焉,言简意赅,不生衍文,如风行水上,自然行止,亦如高僧呵气如兰,闻之令人心静神安。

周作人对于读的书是很有选择的,这出于他对世态的认识,"读书救国",他认为很不容易。那他要读什么?读经,读史,尤以史为重,且野史更愿读。他说:"我虽不大有什么历史癖,却是很有点历史迷的。我始终相信二十四史是一部好书,他很诚恳地告诉我们过去曾如此,现在是如此,将来要如此。历史所告诉我们的在表面的确只是过去,但现在与将来也就在这里面了:正史好似人家祖先的神像,画得特别庄严点,从这上面却总还看得出子孙的面影,至于野史等更有意思,那是行乐图小照之流,更充足地保存真相,往往令观者拍案叫绝,叹遗传之神妙。"(《知堂文集·闭户读书论》)他认为历史是重演的,过去有什么,现在、将来就会有什么,而妄想"另一世界"到来,一切会"大有改变"者,"正是不学之过也"。他正因此表明了自己的态度:"宜趁现在不甚适宜于说话做事的时候,关起门来努力读书,翻开故纸,与活人对照,死书就变成活书,可以得道,可以养生,岂不懿欤?"(《同上》)

　　对于读史,周作人也不是"以史为镜,可以知兴替"之类的王者视角,而是对一本正经、端着架子的"思考"充满讽刺之意:"古人云,殷鉴不远,在夏后之世,是为读史的正途。向来文人不能这样做,却喜欢妄下雌黄,说千百年前人的好坏,我想这怕不是书房里多做史论的缘故么?外国人做文章便不听说如此牵引史事,譬如英国克林威尔,法国那颇伦,总算史上有名,而且好坏都可以说的了,却并不那么常见,未必是西洋人的记忆力差,殆因未曾学做策论之故吧。无论看那一部史书,不要视为文料或课题,却当自家的事看去,这其中便可以见到好些处,令人悚然,是即所谓殷鉴,尔时虽不能惧思,也总无暇写厚于责人的史论矣。"(《药堂语录·南园记》)对于中国的历史,周作人的讽喻溢于笔端,这也是他文中的苦涩所在吧,在读书的乐趣中,我们还得以看见他对于现实的无奈和悲观。

取无意味的东西，制成有意味的东西

——浅谈周作人的写作

写作与读书一样，也是周作人矻矻孜孜一生的事业和乐趣。在读书中可得写作的认知，在写作中可有读书的求证。评点别人的书，也是在记录自己的感悟。他说："写文章本无一定的规律，无所为固然最好，却亦可以有例外，大抵作者的趣味与见识乃是必要的两重基本，即态度之所从出，古人云，士先器识而后文章，语虽陈旧，实颇有理，盖文章与器识本来是一物之表里耳。"（《药堂语录·耳食录》）周作人对古人关于读书与写作的这种观点是认同的，对于文章与器识的关系每个人的理解可能会存在不同,"器识"的大小、高下对于一个写作者,未必可以决定其人生"出世"或"入世"的路向,也未必能够导引他写作的最终姿态。周作人的写作姿态前后有着很大的变迁,周氏的读书不可谓不博,器识不可谓不大,但终于实践了他的"闭户读书论",除了性格的因素,大抵和他的人生观的转折有着最直接的联系,也导致了他对写作的根本性认识——与鲁迅相反,他对于文学的社会功能所抱的态度是消极的,从不视之为"投枪"或"匕首",也不愿拿来去揭示国民的疾病,以"引起疗救的注意",有时候,他甚至感觉到了"无一言可说"的地步,因为在中国,说话是一件很危险的事。他曾经意味深长地说过下面一段话:

在写文章的时候,我常感到两种困难,其一是说什么,其二是怎么说。据胡适之先生的意思这似乎容易解决,因为只要"要说什么就说什么"和"话怎么说就怎么说"便好了,可是在我这就是大难事。有些事情固然我本不要说,然而也有些是想说的,而现在实在无从说起。不必说到政治大事上去,即是偶然谈谈儿童或妇女身上的事情,也难保不被看出反动的痕迹,其次是落伍的证据来,得到古人所谓笔祸。这个内容问题已经够烦难了,而表现问题也并不比它更为简易。我平常很怀疑心里的"情"是否可以用了"言"全表了出来,更不相信随随便便地就表得出来。什么嗟叹啦,永歌啦,手舞足蹈啦的把戏,多少可以发表自己的情意,但是到了成为艺术再给人家去看的时候,恐怕就要发生了好些的变动与间隔,所留存的也就是很微末了。死生之悲哀,爱恋之喜悦,人生最深切的悲欢甘苦,绝对地不能以言语形容,更无论文字,至少在我是这样感想,世间或有天才自然也可以有例外,那么我们凡人所可

以文字表现者只是某一种情意,固然不很粗浅但也不很深切的部分,换句话来说,实在是可有可无不关紧急的东西,表现出来聊以自宽慰消遣罢了。

(《看云集·草木虫鱼·小引》)

    周作人认为文学好像是个"香炉",但左右两边却还有两个"蜡烛台",即左派和右派。文学没有用,可左派和右派却是"有用有能力的",他们那些并非文学的文字往往是可以杀人的——中国历史上的这种事件不是数不胜数吗? 然而,文学自有它的规律,"它是既不能令又不受命,它不能那么解脱,用了独一无二的表现法直截地发出来,却也不会这么刚勇,凭空抓了一个唵字塞住了人家的喉管,再也喘不过气来,结果是东说西说……只供闲人的翻阅罢了"周作人说:"……我想文学的要素是诚与达,然而诚有障害,达不容易,那么留下来的,试问还有些什么呢? "他实际并未全部否定文学,但他认为的文学是在"知道了世间无一可言"之后的写作,是"随便找来一个题目,认真去写一篇文章",是怡情养性的东西,所以他首先做起了楷模,不去关心世事。这是周作人的悲哀,还是幸运? 抑或是没有选择的选择? 在那个时代,周作人自知成不了斗士,大革命落潮后的苦闷、世相的纷乱、内忧与外患更让他觉得无一言可说,索性闭户读书,索性在故纸堆里或在草木虫鱼、吃喝拉撒中找点灵魂的寄托。如果这些也不能写,他就准备退回到只"谈谈天气"的地步了。他的这些话说在1930年,可见那时的他已经决定要过一种"隐士"的生活了。其实,在今天看来,这似乎没有什么不可,人有选择的自由,世界也不可能指望一人之力而改变;再说,消极本就是人生的常态,并非每个人都做得了可以牺牲自我的斗士,当感到人生不如意者十有八九时,退隐也是一种解脱和智慧;另外,看破人生从来都会导致两种不同的选择,一是更为入世,以天下兴亡为己任,一是淡然出世,以独善其身为旨归。周作人的隐士情节未必是真的遁世,他的文字中还能看出许多牢骚、无奈,以致苦闷,有针对文化传统的,也有针对当下社会现实的。周作人说自己心中有"两个鬼",一是流氓鬼,一是绅士鬼,说的好一点就是"叛徒与隐士"集于一身。所以既写闲适文章,也写正经文章,并称"这正经文章里面更多地含有我的思想和意见,在自己更觉得有意义"。对此,他非常自信:"我的反礼教思想是集合中外新旧思想而成的东西,是自己诚实的表现,也是对于本国真心的报谢。"为说明此问题,他又打起了吃饭的比喻:"我写闲适文章,确是吃茶喝酒似的,正经文章则仿佛是馒头或大米饭。"他还辩解说:"我从民国八年在《每周评论》上写《祖先崇拜》和《思想革命》两篇文章以来,意见一直没有甚么改变,所主张的是革除三纲主义的伦理以及附属的旧礼教旧气节旧风化等等,这种态度当然不能为旧社会的士大夫所容,所以只可自承是流氓的。《谈虎集》上下两册中所收自《祖先崇拜》起,以至《永日集》的《闭户读书论》止,前后整十年乱说的真不少,那时北京正在混乱黑暗时期,现在想起来,居然容得这些东西印出来,当局的宽大也总是难得的了。但是杂文的名誉虽然好,整天骂人虽然可以出气,久了也会厌足,而且我不主张反攻的,一件事来回的指摘论难,这种细巧工作非我所堪,所以天性不能改变,而兴趣则有转移,有时想写点闲适的所谓小品,聊以消遣,这便是绅士鬼出头来的时候了。话虽如此,这样的两个段落也并不分得清,有时是错综间隔的,在个人固然有此不同的嗜好,在工作上也可以说是调剂作用,所以要指定那个时期专写闲适或正经文章,实在是不可能的事。"(《过去的工作·两个鬼的文章》)

因此，我们看周作人的文章，闲适的自然可以多得喜乐，正经的也能够引发深思，而且，他对现实的批判并非武断地下论，而是将文笔深入到历史和文化的内部，读之亦甚有可观。比如，当下的社会政治可以少做评说或者不做评说，但周作人对于"人"本身一向是十分关心的，尤其是人的伦理存在。"人是一切社会关系的总和"，伦理性当然离不开社会性，但侧重伦理一端，人的内涵则丰富的多了。周作人承认人的动物性，但更注重倡导美好的人性，注重文明社会的道德诚实："人是动物……所谓动物，可以含有科学家一视同仁的'生物'与儒教徒骂人的'禽兽'这两种意思，所以对于这一句话人们也可以有两样态度。其一，以为既同禽兽，便异圣贤，因感不满，以致悲观。其二，呼铲曰铲，本无不当，听之可也。我可以说就是这样地想，但是附加一点，有时要去纵核名实言行，加以批评……譬如普通男女私情我们可以不管，但如见一个社会栋梁高谈女权或社会改革，却照例纳妾等等，那有如无产首领浸在高贵的温泉里命令大众冲锋，未免可笑，觉得这动物有点变质了。我想文明社会上道德的管束应该很宽，但应该要求诚实，言行不一致是一种大欺诈，大家应该留心不要上当。我想，我们与其伪善还不如真恶，真恶还是要负责任，冒风险。"（《看云集·中年》）这段文字，除去对乃兄鲁迅的恶毒讽刺不谈，作为普通的道理，应该还是讲得通的。谈到艺术家的诚实，他说："……文以载道派的艺术家，以教训指导我们大众自任，以先知哲人自任的，我们在同样谦恭地接收他的艺术以前，先要切实地检查他的生活，若是言行不符，那便是假先知，须得谨防上他的当。现今中国的先知有几个禁得起这种检查的呢，这我可不得而知了。"（《看云集·志摩纪念》）对于人格的不一致，虚假和欺骗，周作人是很厌恶的，从这一点上看，他提倡的仍是文与人的统一，至少在一个共时性的社会中是如此。我以为，人与文完全统一者于今已不多见，倘使文章做得真好，我们也可以让步，不因人废文，正如钱钟书所云，觉得鸡蛋好吃又何必认识下蛋的母鸡。但人没有做好（至少在私德上），恐怕文亦未必佳，何况，人与母鸡本不是一回事，拿来同论原本就很勉强。再说，我们大概对于死者可以多多原谅，对于活动在身边伪道学家恐怕是难以谅解的。

最后，我很想说我喜欢周作人作文的态度，虽然他有谦虚的成分，但真实中的平淡却最是难得的东西，因为不夸饰，不虚伪，不狂乱地想象，更不会由于心中没有底气而去拿了怪异的风格唬人。他说："我是一个庸人，就是极普通的中国人，并不是什么文人学士，只因偶然的关系，活得长了，见闻也就多了些，譬如一个旅人，走了许多路程，经历可以谈谈，有人说'讲你的故事罢'，也就讲些，也都是平凡的事情和道理。"（《知堂回想录·后序》）

温源宁这样评价周作人的为人和写作：

……在周先生眼里，世界显得多么富有人情味又多么渺小啊！在他的著作中，他避而不谈那些把人类分为各个敌对党派的重大问题。他喜好长谈的是那些细小的事物，那些"没人提起、没人记得的小事"，却让我们对可以想象的一切小天地中间的这个极难想象的小天地十分喜爱起来。就这样，他培养成了他那种散文的淡雅风格，——不是像马考利那样有公开讲演的气概和响亮的加重语气，而是像爱利亚那样有不自觉的因而颇具魅力的唯我哲学和闲散情调。看样子，周先生的散文简直是把闲谈变成了一种美术了。他有个难得的妙法，使生活中可贵的零零碎碎化为金色的语丝。他取无意味的

东西,制成有意味的东西。在他那个很有人情味的庭园里,白菜比玫瑰花还惹人爱。读起他的散文来,我们就几乎相信,苍蝇的有趣之处有时候超过对"天道、预见、意志和命运"的解说。(《周作人先生》,载 1936 年 11 月 5 日《逸经》第 17 期,转引自孙郁、黄乔生主编《知堂先生》)

"取无意味的东西,制成有意味的东西",必须是有境界的人才做得出的,里面包含了学养、器识、个性等等因素,当然,还有社会的影响,还得有闲散的时光、安谧的心境,虽然有时也是不得已而来,有时也为此苦恼不已。

后 记

　　周作人的书是很难读完的,虽然我读了止庵校订的《周作人自编文集》的全部,还有其他多本周作人的文集,但仍感觉到不能对他的文字全部了然于心,尽解其意则更是不可能的奢望了。

　　周作人的思想极其复杂,他说过他的学问的根柢是儒家的,后来又受了佛家的影响,而平常的理想则是中庸。(见《过去的工作·两个鬼的文章》)周作人的贡献在于五四时代文艺观念的改革,即"人的文学"、"平民的文学"等等,以及冲淡、朴实的小品文写作,他的文艺观和对社会改革、人性的认识在今天看来也是很先进的,比如他说过:"我想文艺当以平民的精神为基调,再加以贵族的洗礼,这才能够造成真正的人的文学。倘若把社会上一时的阶级争斗硬移到文艺上来,要实行劳农专政,他的结果一定与经济政治上的相反,是一种退化的想象"(《自己的园地·四 贵族的与平民的》),现在看来是经过了历史证明的真知灼见。比如,他的妇女的经济解放和性解放的观点,既是正确的,也是人类社会需要长期努力才可以实现的。他的早期也曾有过像《关于三月十八日的死者》、《新中国的女子》那样哀悼烈士、谴责执政府滥杀的战斗性文章和《吃烈士》、《闲话四则》之类的批判历史及社会黑暗、戕害人性的讽刺文字,然而他后来的写作主张,背离了关注社会和民生的倾向,躲到"苦茶庵"去吃清茶去了。尤其是附逆的人生败笔,则更多为世人所诟病、所鞭挞。这都是老生常谈了。我对周文的不能尽读,绝不是说其文字的浩繁,而是对他读书随笔之类写作的诸多隔膜。这隔膜或许是所受教育的迥异,文

绍兴背影:品读周作人

化传统的断代所造成的陌生感。他虽没有整理国故的志向,凡读书皆凭兴趣,但他的兴趣亦绝非我们这辈人所敢望其项背的,或者说,他的兴趣早已不在我们的兴趣之内了。这是个喜剧还是悲剧? 我无法回答。

周氏是文化启蒙运动的先驱,曾引进西方的先哲和艺术家,以为改造中国旧文学、旧艺术,乃至旧人生的工具。但他也似乎更没有隔断传统,而且在回归书斋后,更努力于古代笔记的研读,他甚至宣称:"我自己想做的工作是写笔记"(《自己所能做的》)"近来觉得较有兴味者, 乃是近于前人所作的笔记而已。"(《药味集·序》)甚至说:"近来三四年久不买外国书了,一天十小时闲卧看书,都是木板线装本,纸墨敝恶,内容亦多是不登大雅之堂的,偶然写篇文章,自然也只是关于这种旧书的了。"(《书房一角·原序》)这既是他个人的兴趣,则后来的读者也自然可以凭自己的兴趣读之或舍弃,我虽没有取一看便翻过的做法,但若真想读进去便需要很强的耐心与定力。然而读后最大的感受是几乎没有记住什么。相反,倒是他写的许多回忆性的文字十分感染我,虽没有溢情于字里行间,但真率平实,淡然之中竟有许多人生的况味,非大家不能为之也。也正因此,我才掇取了他文章的这一部分,加以细细品读、玩味,并依据他散落在不同文字中的相同记录,在头脑中连缀、勾画出他当年生活的情况,他笔下人物的风貌,以及当年环境的概况,并在事实的基础上展开了合理的想象——应该说一句的是,这些想象并非全无根据,我所努力做得是复原当年漫溻在周作人身边的社会气息和人文、自然环境,虽说这本来就是虚妄,但毕竟可以多少接近些真实。读者倘能在阅读周作人的基础上看看我的这些文字,便不会得出虚构的结论。

然而,我截取的毕竟是周作人作品很少的一部分,且基本限于他少年时代之前在绍兴故家的所见所闻,所以,这本书很难称称作"读周作人",若自己舍弃周氏最重要的成就而妄以此名盖全,则遗笑大方还是小事,假如并不了解周氏平生所为的读者看了,以为本就是他全部的写作面目,那岂不是会造成谬种流传么?这是我所担心的。至于周氏的文学成就该如何总结,那是学者们的事,非为我这类后学所可置喙者,故不多言。

2008 年 8 月 7 日 戊子年立秋于泉城